Fantasmas, leyendas y realidades

FANTASMAS, LEYENDAS Y REALIDADES

Marco Antonio Gómez Pérez
Francisco Domínguez
Carlos A. Guzmán Rojas
Yohanan Díaz Vargas

Grupo Editorial Tomo, S. A. de C. V.
Nicolás San Juan 1043
03100 México, D. F.

1a. edición, octubre 1999.
2a. edición, marzo 2001.
3a. edición, septiembre 2003.

© *Fantasmas, Leyendas y Realidades*
Marco Antonio Gómez Pérez
Francisco Domínguez
Carlos A. Guzmán Rojas
Yohanan Díaz Vargas

© 2003, Grupo Editorial Tomo, S.A. de C.V.
Nicolás San Juan 1043, Col. Del Valle
03100 México, D.F.
Tels. 5575-6615, 5575-8701 y 5575-0186
Fax. 5575-6695
http://www.grupotomo.com.mx
ISBN: 970-666-203-0
Miembro de la Cámara Nacional
de la Industria Editorial No 2961

Diseño de portada: Emigdio Guevara.
Supervisor de producción: Leonardo Figueroa

Derechos reservados conforme a la ley
Ninguna parte de esta publicación podrá ser reproducida
o transmitida en cualquier forma, o por cualquier medio
electrónico o mecánico, incluyendo fotocopiado, cassette, etc.,
sin autorización por escrito del editor titular del Copyright.

Impreso en México - *Printed in Mexico*

INTRODUCCIÓN

Fantasma, espectro, espíritu, alma, aparecido, energía, luz, ente del más allá y otros, son términos de uso común entre la gente, creyente o no, en la vida después de la muerte y que históricamente nos han acompañado a los vivos desde hace mucho tiempo, sin embargo, cada vez que nos enteramos de alguna acción fantasmal o la vivimos en carne propia, nos brincan en la mente alguna preguntas como ¿desde cuándo están entre nosotros?, ¿han tenido experiencias fantasmales algún miembro o amigo de la familia?, ¿mis amigos o vecinos las viven en la actualidad?, ¿cuántos tipos de fantasmas existen? o ¿cuáles son los nuevos medios que utilizan para manifestarse a los vivos?. En las páginas de este libro, los cuatro autores le explican estas y otras interrogantes, tales como las diferencias esenciales entre esas palabras que mencionamos al principio y que en apariencia parecen sinónimas, pero que de ninguna manera lo son.

Muchos de nosotros hemos vivido experiencias con fantasmas pero casi nunca sabemos que tienen un comportamiento contradictorio, por un lado hacen lo que sea por llamar la atención de los vivos, golpean, avientan lo que está a su alcance, gritan, muerden, cierran puertas y ventanas con fuerza, señalan tesoros o documentos importantes, solicitan ciertas acciones para su descanso eterno, aparecen de repente en algún lugar de la casa, oficina o fábrica y hasta en nuestros televisores, computadoras, faxes y en cuanto aparato de comunicación pueden; adquieren diversas formas. desde la humana, pasando por el cuerpo incompleto, de humo y por otro lado, los fantasmas parece que lo que desean es estar en su soledad en el lugar donde murieron, sin que los humanos del plano físico los perturben o molesten con su presencia e invadiendo un sitio que consideran suyo por antigüedad, en fin, la lista es muy extensa y aquí la encontrará.

Sin embargo, mientras más respuestas obtenemos, surgen más interrogantes, ya que no sabemos a ciencia cierta ¿qué retiene a los fantasmas en este mundo material?, ¿por qué no entran al túnel del descanso y la paz universal y divina?, ¿qué fuertísimos pendientes dejan que no pueden partir hasta terminarlos? y si hay fantasmas aferrados a este mundo, deben haber personas que tengan el "don" de comunicarse con ellos, a raíz de esta inquietud nacen el espiritismo, espiritualismo y los médiums, aunque lamentablemente, también surgen los charlatanes y farsantes que lucran inmisericordemente con esta necesidad de comunicación entre los mundos de los vivos y los espíritus de los muertos.

Este crecimiento e interés por contactar con fantasmas se transforma en la necesidad, ya no de conocer otro plano de existencia después de la muerte, sino algunos más lejanos, es decir, del contactismo con fantasmas, hemos "evolucionado" hacía el de los extraterrestres, con las mismas técnicas, necesidades, experiencias nada más que ahora, los "fantasmas" vienen de Marte, Júpiter, Venus, Saturno, de algunos de los satélites naturales de estos planetas, como Ganímedes y Europa, inclusive, hasta más allá de nuestro sistema solar, como las Pléyades, Sirio o Alfa Centauro, esta es una transformación que confirma la enorme necesidad de conocimiento que aún tiene el ser humano y que intenta canalizarlas a través del medio que crea pertinente y tenga a la mano. En verdad que es curiosa la capacidad transmutadora de los humanos, primero médiums, ahora contactados, antes fantasmas, ahora extraterrestres, antes el más allá espiritual, ahora el más allá planetario, de que los tiempos, las creencias y las costumbres cambian, de eso, no hay duda.

Al final de este libro, usted encontrará historias verdaderas de fantasmas, de las que hemos escuchado en nuestras familias, narradas por los bisabuelos a los pequeños bisnietos, quienes asumiendo su miedo valientemente o no, desean participar en esas excelentes reuniones y charlas entre parientes y amigos y si son a media luz o cuando de improviso falta energía eléctrica, así es mucho mejor, ya que las disfrutamos y aprendemos para que nuestros hijos y nietos también las conozcan y que mejor que sean de "viva voz" de algunos de sus protagonistas.

¿DESDE CUÁNDO EXISTEN LOS FANTASMAS?

Por Carlos A. Guzmán Rojas

En este primer capítulo trataremos de establecer una fecha en el tiempo para fijar el inicio de las apariciones de los fantasmas. Existen diversas crónicas, incluso bíblicas, en las que relatan haber visto a diversos personajes después de muertos, pero al margen de la interpretación religiosa sobre la resurrección, indudablemente existen otros casos en los que podemos establecer este fenómeno.

Las manifestaciones en torno a los fantasmas son muchas y estas, a sus vez, están relacionadas con fenómenos parapsicológicos, que con el transcurso del tiempo y el desarrollo de la ciencia han llegado a tener una explicación lógica y natural, sin embargo, existen otras tantas fuera de todo tipo de explicación.

CLASIFICACIÓN DEL FENÓMENO

Para efectos de este trabajo, sencillamente estableceremos dos grandes divisiones para explicar el fenómeno, la primera de ellas es referente a "las apariciones de fantasmas de los difuntos, en yuxtaposición con los fantasmas de los seres vivos y los agonizantes". (*El Espiritismo*, Max Scholten, Editors), tomando en cuenta que las dos anteriores manifestaciones se dividen a su vez en cuatro grandes grupos que son:

1) Sombras: Descritas como figuras bidimensionales de forma humana.

2) Esferas de luz o electricidad: En su mayoría amorfas.

3) Figuras nebulosas y amorfas: Difieren de las anteriores por parecer de humo y sin forma definida.

4) Translúcidas y monocromáticas: Reconocidas prácticamente como el clásico fantasma.

La anterior clasificación proviene del programa de la televisión norteamericana *"Sigthings"* ("Encuentros") y es la que pensamos mejor clasifica a los fantasmas de acuerdo a su tipología visual de aparición. La tecnología ha logrado videograbar y fotografiar esta clase de manifestaciones por lo que la existencia de los fantasmas ha sido sobradamente probada.

LOS FANTASMAS Y OTROS FENÓMENOS

En ocasiones existe una relación directa entre los fantasmas; las casas embrujadas, los encantamientos, el poltergeist (puertas que se abren, objetos que caen o vuelan solos), sonidos inexplicables de objetos diversos, voces extrañas y sin intervención humana aparente, luces eléctricas que se encienden y apagan solas, figuras que aparecen "pintadas" en muros, árboles o suelos de las casas.

En México son muy populares las narraciones y expresiones de "se le subió el muerto", "se le apareció un espanto" o incluso "vio al mismo diablo", que son una gran serie de manifestaciones larga de enumerar dentro de esta casuística fantasmal, pero que se encontrarán en las siguientes colaboraciones que completan esta obra.

LOS PRIMEROS FANTASMAS

Refiriéndonos a México, existen diversas crónicas clasificadas como leyendas y en estas encontramos una rica fuente de relatos acerca de fantasmas.

Una de las primeras obras que relata este tipo de fenómenos, en este caso "voces", se encuentra en la obra histórica de Diego Muñoz Camargo, *Historia de Tlaxcala*, (Editorial Innovación, 1979) quien describe la serie de "prodigios" que se vieron en México antes de la llegada de los españoles; dentro de esta serie de relatos destaca el sexto, cuyo texto contiene: ...*muchas veces y muchas noches, se oía una voz de mujer que á grandes voces lloraba y decía anegándose con mucho llanto y grandes sollozos y suspiros ... ¡Oh hijos míos! Del todo nos vamos ya a perder... y otras veces decía: ¡Oh hijos míos, a donde os podré llevar y esconder ...!* Esta es una leyenda que se populariza por todos los rincones de México, seguramente usted la reconoce. Otro de los historiadores y cronistas del México antiguo, Don Luis González Obregón, en su libro *Las calles de México*, nos relata a detalle esta famosa leyenda de "La Llorona", *...a media noche y principalmente cuando había luna, despertaban espantados al oír en la calle, tristes y prolongadísimos gemidos, lanzados por una mujer a quien afligía, sin duda, honda pena moral y tremendo dolor físico.*

Esta leyenda continúa hasta nuestros días, vecinos de las colonias Ahorro Postal, Niños Héroes y Américas Unidas de la ciudad de México le han relatado a este autor la aparición de la mujer, en días de luna llena, por lo que esta descripción encaja perfectamente en la previa clasificación de tipos de fantasmas arriba señalada.

De la anterior obra también se extrae el siguiente hecho: *El octavo prodigio y señal de México, fue que muchas veces se aparecían y veían dos hombres unidos en un cuerpo que los naturales los llaman Tlacanctzolli, y otras veían cuerpos, con dos cabezas procedentes de solo un cuerpo, los cuales eran llevados al palacio de la sala negra del gran Moctezuma, en donde llegando a ella desaparecían y se hacían invisibles....*

esto quiere decir que ¿eran seres bicéfalos? y algo más extraordinario ¡"desaparecen"!

En la obra *Bestiario Mexicano* de Roldán Peniche (Panorama, México 1987), se describe la aparición de un fantasma que es considerado como una revelación de Tezcatlipoca, esta misma noticia está narrada en el libro *Historia general de las cosas de Nueva España*, de Fray Bernardino de Sahagún: ...*se trataba de unos fantasmas sin pies ni cabeza que andaban rondando por el suelo y emitiendo gemidos como de enfermo...*

En otro de los pasajes del libro de Sahagún, se relata la famosa leyenda que se encuentra en otras tantas partes del mundo y es la del "descabezado" en la cual lo describe como: ...*un hombre con el cuello cortado, el cuello incompleto, con el cuello dañado y el pecho abierto...*, el "Bestiario Mexicano" señala también que este ser, conocido como "El Hacha Nocturna", vaga por los caminos cuando todos duermen y produce ruidos espeluznantes: ...*como si alguno cortara algo, como si cortara madera*. La mitología Maya también hace alusión a este tipo de ser.

Las leyendas en México son muy populares, existe un gran número de ellas alusivas a la aparición de "Lucifer", dentro de la serie de *"Cuadernos Informativos de la Universidad del Sudeste"*, se publican algunos relatos de la tradición Campechana. En su capítulo de "El Espectro", se cuenta de un campesino que al regresar a su casa observa una lucecita ...*Y no lo va usted a creer compa; había un hombre todo vestido de negro, acurru-*

cado junto a la lucecita, al que yo podía distinguir desde lejos; y, al querer bajarme para ver en que podía ayudarlo, él alzó la vista y... Alzó la cabeza para mirarme, y haga usted de cuenta, compa, las brasas de un fogón, así eran sus ojos, que echaban chispas. En seguida comprendía: ¡Era el demonio, compa! Los caballos se pusieron a relinchar y yo, muerto de susto, no me podía mover!... (Folklore Campechano, Leyendas, Guillermo González Galera, Campeche, Cam. 1977).

No faltan dentro de estas leyendas las apariciones de seres fallecidos, en la anterior obra se relata de una mujer que se le aparece a su hijo para pedirle que le celebren tres misas pero no lo lleva a cabo y la "difunta" se le aparece a la nuera para insistirle en su petición, las misas se celebran y "el espanto" (como popularmente se llegan a denominar a esta serie de fenómenos), nunca vuelve a aparecer. Este hecho se repite en muchas de las tradiciones del México antiguo, la celebración de tres o siete misas parece que permiten el descanso eterno del alma del ser fallecido.

LA IGLESIA CATÓLICA OPINA

Esta serie de relatos han existido en la historia de la humanidad, los fenómenos fantasmales, con su diversidad de orígenes, continúan produciéndose en nuestros días, aceptando, desde el punto de vista de la fe religiosa, que "hay vida después de la muerte", tomando en cuenta que estas narraciones tienen su realidad y que la fuerza de la naturaleza de vivos y muertos se llegan a conjuntar por lo deseos del amor de los seres queridos, quienes desean dar "el último adiós" o "el recuerdo". La Iglesia Católica Romana, ...*efectúa una distinción entre espectros o espíritus de los muertos y demonios, que son los secuaces del Diablo*... (*Misterios de lo Desconocido, Encantamientos*. Time Life, 1989).

En el resto del mundo uno de los primeros casos de fantasmas registrados en los archivos del vaticano, es el de 1323 cuando la Iglesia Católica "arroja" a un fantasma de una casa que aparece con una ráfaga de viento y en forma de sombra.

En casi todas las culturas de todos los tiempos, hay tributo y mucho respeto por los muertos y por su posible continuidad en otros tipos de vida, por lo que podemos concluir que las manifestaciones de fantasmas son tan antiguas como el hombre mismo, únicamente que se empezaron a registrar hasta que la humanidad entró en una edad de poder compartir lenguaje y conocimientos, ya no sólo entre miembros de sus comunidades, sino con otras de diversas costumbres, cuando el ser humano aprende a comunicarse con los de su misma especie y a comprender que no existe sólo el plano físico y material, sino que hay esencias e instancias especiales que no se pueden percibir por los sentidos normales, como los sentimientos, la creencia en seres superdotados, semidioses y dioses, es cuando el hombre se vuelve más sensible y probablemente algunos logran abrir sus facultades psíquicas y comienza a tener percepciones extrasensoriales.

LOS FANTASMAS Y SU ORIGEN

Por Francisco Domínguez

Se puede pensar que los fantasmas existen desde que el hombre se encuentra en la tierra hace 70,000 años, desde que adquiere conciencia de lo que es la vida y la muerte, el miedo a hacer el viaje al más allá, el tener que cruzar el puente de la vida solo, sin saber qué le espera al otro lado, aún sin descubrir de dónde viene y menos hacia dónde va. (La palabra fantasma la utilizaré de manera genérica, refiriéndome a las apariciones de seres desencarnados, a las fantasías de algunas mentes humanas y a la participación de otro tipo de energías). Esta necesidad puede ser la razón por la cual el ser desencarnado se manifiesta ante los vivos provocando dos factores determinantes para lograr contactar con fantasmas:

1) Por cierto tipo de manifestaciones producto de la mente humana, (en el sentido fantasioso) es decir; el fenómeno ha sido fiel compañero del hombre.

2) Si comprendemos al fantasma como producto de la manifestación de los espíritus de seres desencarnados, entonces primero fue el hombre y después la muerte, que después de los primeros seres difuntos en la tierra, la presencia de los fantasmas es algo paranormal, fuera de la psique del ser humano, pero sí dentro de su sensibilidad visual.

Desde tiempos remotos se habla de fantasmas en historias que datan de antes de la era Cristiana, una de ellas destaca lo siguiente: *En el templo de Minerva escucharon por un tiempo prolongado después del fallecimiento de Pausanias,* (general espartano condenado por traición y a ser emparedado entre los muros de aquel recinto), *ruidos insoportables que llenaban de miedo a los fieles que frecuentaban ese lugar.* Esto sucedió, según las crónicas de la época, en 470 a.C. en este caso, nos damos cuenta que hay muchos testigos, los primeros **si** escuchan las lamentaciones del ser enterrado en ese lugar y algunos otros, como siempre, echan a andar su imaginación, es en este momento cuando se da el fenómeno pero ya creado por el hombre.

¿Cuándo se inicia o cuál es el origen del fantasma?, a reserva de cometer una simpleza, el origen es la muerte del hombre, sin esta parte del proceso no pueden existir el fantasma o espectro, este último término, es la manifestación no física DEL SER, es la parte que se encuentra más allá de la materia, es ese algo que le acompaña en su estancia aquí en la tierra y perdura por siempre, cuando su cuerpo muere bajo ciertas necesidades no cubiertas en vida, se puede manifestar a los vivos por medio de eso que se le llama ESPÍRITU, en el caso narrado es un "Espíritu Desencarnado", porque ya carece de materia orgánica, sin la aparición de este, el hombre no hubiera tenido un arquetipo imaginativo para crear sus propios fantasmas mentales, pero no reales.

ESPECTRO

Personalmente, considero que los términos FANTASMA y ESPECTRO son diferentes en su manera de manifestación y procedencia, en la mayoría de los diccionarios esotéricos y de otro tipo, espectro es sinónimo de fantasma. Por ejemplo: en el Larousse Ilustrado dice: *Fantasma m. (del griego phantasma). Espectro, aparición fantástica. (Sinónimo. Aparecido, espíritu, sombra. Ver también. duende).* En el diccionario del Esoterismo escrito por Marc Roberts, Fantasma es: *Significado original: "seducción", Imagen engañosa que trata de atraer o llamar la atención.* Hoy en día se les identifica indistintamente.

En lo que atañe al espectro, este se manifiesta como una imagen, leamos porque: Es una figura definida, creada por la parte ENERGÉTICA, es el ESPÍRITU del ser desencarnado el que se manifiesta actuando, hablando, tocando, esta última posibilidad se da cuando las personas han tenido una visión total del fenómeno espectral cuando comentan que: *Se sentía frío como un muerto y me comunicó tales cosas,* en estos casos, la manifestación espectral es una presencia real, no producto de la mente del testigo ocular; tomando en cuenta que su aparición no es momentánea sino prolongada, es la materialización de un Espíritu bajo la figura que tenia antes de morir siendo un caso completamente natural y espontáneo. Si se reconoce la manifestación de los seres ya fallecidos en este mundo físico, entonces tenemos que reconocer la supervivencia de la energía o espíritu de ese ser, en un lugar, dimensión o estancia adecuado para su nuevo existir.

En el fenómeno espectral por naturaleza, existe la creencia que sólo se da de noche, pero para ese tipo de comunicación con el más allá, no hay un horario determinado, ya que bajo necesidades muy especiales de estas entidades, se presentan ante los seres vivos, por circunstancias sin explicación hasta ahora y su manifestación puede ser por medio del sueño o en estado de vigilia. Durante la primera circunstancia no es complicado, ya que en ese momento, lo que entra en comunicación es el alma del ser vivo con el espíritu del fallecido. (En el fenómeno espectral intervienen los espíritus de seres desencarnados, malignos, ángeles y seres evolucionados de luz, llamados en algunas religiones, Santos.) Considero que definitivamente, en las apariciones espectrales, únicamente interviene la voluntad del alma o el espíritu del ser aparecido y donde la psique o participación del hombre es nula, es un caso parafísico, sobrenatural, sin una explicación lógica para nosotros y sin que demerite la realidad del hecho.

¿Cómo podemos distinguir la presencia de un espectro?, cuando en la aparición se manifieste la figura del fallecido de forma definida, con su respiración y pasos semejantes a los de un ser vivo, permitiendo la comunicación verbal, si es posible, natural.

El espectro por lo general se manifiesta en el lugar que fue su arraigo, donde muere natural o violentamente, el último punto es muy importante, ya que debido justamente a eso, el lugar queda impregnado de malas vibraciones psíquicas, se escuchan cierto tipo de golpes, llamados "raps" o ruidos, en muebles, (la parapsicología lo denomina parasismogénesis) y cuando el espectro se retira, su desaparición puede ser súbita o lentamente, envuelto en una especie de niebla.

Actualmente, los espectros no sólo aparecen en casas o lugares apartados, ahora se les ve también en la televisión en lo que se denomina Psicoimágenes, o cuando algún fallecido llama por teléfono, como dice el investigador francés, el Padre Francois Brune (Revista *Año Cero*), *¿Esto es imaginación de la mente del hombre, o es la realidad del fenómeno del mas allá?*

FANTASMAS

La palabra fantasma está definida en el punto anterior, para fines de este, prefiero utilizar el término FANTASMAGORÍA, al respecto el diccionario Larousse describe: *Arte de representar figuras por medio de una ilusión óptica,* en otra define: *Ilusión de los sentidos o figuración vana de la inteligencia* a lo que yo agrego, ser imaginario. Esto indica una gran diferencia con el espectro, ya que en el fenómeno fantasma, la participación del hombre es un hecho; en primera instancia para provocar alguna manifestación, es decir, la mente humana tiene un papel preponderante.

En este caso, la utilización de la palabra fantasma está justificada porque, en gran parte de las experiencias de estos seres, curiosamente, la figura que se manifiesta es generalmente difusa, indefinida, lejos de ser clara y precisa, o sea, es un fantasma. En el caso de los supuestos aparecidos, el psiquismo del individuo vivo es el que les da vida, (gracias a su fluido energético) que crea desde una fantasía, como provocar ruidos, mover cosas, hacer que vuelen objetos, (telequinesis = movimiento a distancia) sin una participación física directa, donde el concurso de las energías psíquicas hacen que se produzcan los fenómenos citados, en la milenaria tradición de la India, la telequinesis ya es conocida por ellos y la llaman "Artháñan chandatah Kryiyá". Aunque el hombre es el que da vida a toda esta fenomenología, no siempre lo hace de manera consciente, en la mayoría de los casos se producen cuando su mente se encuentra alterada y actúa de una forma inconsciente.

Vayamos ahora a la parte de la figura indefinida llamada fantasma, la capacidad de la mente del hombre es asombrosa y puede crear cosas sorprendentes, como el llamado TULKU, que con base en una concentración mental y una disciplina férrea, se producen fenómenos extraordinarios como un fantasma o un ser artificial, esto

LOS FANTASMAS Y SU ORIGEN

no es parte de una fantasía, sino una práctica de los monjes tibetanos, es un simple ejemplo para darnos cuenta hasta donde puede llegar la mente del hombre para producir eventos con una apariencia paranormal.

Dentro de este fenómeno, también se produce lo que el psicólogo C. G. Jung llama, Psicosis Colectiva, es decir, la ALUCINACIÓN a nivel grupal, en la que todos creen ver lo que no existe, pero que su mente lo registra como un hecho real. En cierto tipo de reuniones en donde las energías psíquicas (polipsiquismo) se presentan de una manera más fácil, se debe a que las personas, por encontrarse sugestionadas y alteradas sus mentes, producen eventos con un matiz sobrenatural, que en el caso de la fantasmagoría participa la voluntad del hombre, se puede decir que es un hecho extranormal pero, en el fondo, no tiene nada de sobrenatural.

Abusando de la paciencia de usted, amigo lector, solicito su atención en los puntos básicos siguientes para poder descubrir un fantasma:

- La manifestación será indefinida, como algo formado por humo o vapor.
- Si la(s) persona(s) tiene(n) una sobrecarga energética o una mente excitada y se encuentra(n) regularmente en un mismo lugar, el fenómeno se dará con mayor continuidad en ese sitio.
- En la mayoría de los casos, la presencia de fantasmas se produce ante varias personas.
- Los fantasmas se comportan de forma mecánica, no actúan con signos de alguien que haya tenido vida.

Los fantasmas hacen algo semejante a los espíritus desencarnados, provocan diferentes ruidos y golpes extranormales, a esto se le llama Tiptología, energía material creada por la persona dotada, por lo que estos fenómenos se pueden considerar dentro de los efectos físicos y psicofísicos que son parte de la Telergía, (acción a distancia) y el individuo la maneja a voluntad, consciente y/o inconscientemente.

POLTERGEIST

Es una palabra de origen alemán que significa: "Espíritu burlón", no podemos asegurar que en este tipo de fenómenos intervenga sólo la psique humana, ya que la participación de energías es múltiple y la energía de espíritus malignos está presente y ellos actúan molestando a las personas vivas; por ejemplo, la participación de duendes juguetones, (remítase al libro de esta misma serie: **Duendes, Gnomos, Hadas, Trolls y otros Seres Mágicos**, de los mismos autores de esta obra y de la misma Editorial). Desgraciadamente, son varios los actores intelectuales (el hombre, fuerzas malignas, duendes, etcétera) que participan en el poltergeist, toda esta amalgama de individuos y fuerzas desconocidas complican el camino para conocer cuál es la verdadera fuente del fenómeno.

Aclaro que el hecho de no saber quien crea el fenómeno no demerita su realidad, además, nos enfrentamos a acontecimientos metafísicos que se encuentran más allá de lo que el hombre o la ciencia pueden comprender, lo que si es un hecho en el poltergeist, es que sus manifestaciones son más complicadas de esclarecer, por ejemplo; se mencionan "casas encantadas o poseídas", en las cuales las personas que las habitan deciden vivir con las incomodidades propias del fenómeno o definitivamente cambiar de domicilio, en este último caso, el cambio será benéfico siempre y cuando ninguno de los individuos tenga cualidades psíquicas que provoquen todas esas manifestaciones extrañas, como sucede con los fantasmas, ya que al trasladarse a otro lugar el mal les acompañará a donde vayan.

Gracias a varias investigaciones, se ha llegado a la conclusión de que una de las energías que mas participa en el poltergeist, es la de seres humanos bajo características especiales, como pueden ser deficiencias psíquicas, inestabilidad emocional, nervios, jóvenes en pubertad o chicas en su primera menstruación, por lo que dentro de este marco, se dan "hemorragias" de "Energía Psíquica", que dentro de la parapsicología se les llama Psicorragias.

Cuando las personas son afectadas por ese tipo de fantasmas y tienen la capacidad de conservarse serenas y ecuánimes ante estas manifestaciones fuera de lo común, pueden darse cuenta que las causas son naturales, como por ejemplo: el ruido que produce un ratón al roer un mueble, un gato o perro al arrastrar una cadena, el que truenen los muros por los cambios de temperatura, o bien, que una corriente de aire mueva determinados objetos, es más, hay quienes afirman que alguien les jaló la ropa en la oscuridad, pero no tienen la tranquilidad o el valor de voltear y darse cuenta que tan sólo se atoraron en algún clavo o algo parecido, en estas circunstancias, el fenómeno es totalmente inexistente.

Es difícil incluir a las casas endemoniadas dentro del fenómeno espectro o poltergeist, pero por sus características deben quedar en el segundo término, ya que en él intervienen diversas fuerzas o energías, lo cual indica que las fuerzas malignas no son parte de una tradición o juego mental, sino de una realidad, que están presentes en casas con energías positivas o malignas, las segundas actúan mientras no se les oponga resistencia. En otras palabras, el fenómeno poltergeist está formado de polienergía, ya que son varios los elementos que conforman o intervienen para darle forma.

FANTASMAS DE HUMO

En algunas sesiones para evocar a espíritus del más allá, se produce una especie de niebla grisácea que se desplaza de un lugar a otro, esto es conocido como "Fantasmas de Humo", telergía condensada que produce esa impresión fantasmagórica, a esta condensación se le llama Ectoplasmía, es extranormal y fantástico pero no de ultratumba, lo auténtico del acontecimiento no se puede negar, simplemente aclaro que es una acción de este mundo, provocada por seres vivos.

Para ilustrar este tipo de manifestaciones, leamos lo que comenta el gran investigador de lo paranormal, Oscar González Quevedo, en su libro *Las Fuerzas Físicas de la Mente: El brasileño Huberto Rohden escribe a propósito de las experiencias que realizó con Willy Schneider, formando parte de un grupo de científicos de la Universidad de Gratz (Alemania). Del interior del gabinete oscuro salió una gran nube blanca, semejante a una niebla, que invadió nuestro circulo, pero sin ultrapasar la línea de los presentes. Durante mucho tiempo esa nube anduvo en el espacio, agitándose, subiendo hasta el techo y descendiendo al suelo, dilatándose, contrayéndose, permaneciendo a veces en forma de pirámide y en este estado de fuerte condensación se volvía muy blanca, casi fosforescente. Después de unos minutos la misteriosa nube se recogió al interior del gabinete.* No siempre lo que hacen los médiums es fácil de explicar, habrán ocasiones en que si logren el contacto con seres del más allá, pero en la mayoría de los casos hay peligro de fraude, ya que los supuestos médiums mas bien son grandes magos que no tienen ninguna cualidad psíquica, pues se valen de un sin número de trucos para hacer creer a la gente que se comunican con seres desencarnados.

ECTO-COLO-PLASMÍA

El elemento de la ecto-colo-plasmía (el término *colo*, proviene del griego *kolon*, que significa: *miembro de persona o animal y por extensión, parte de un objeto*) es un material físico del médium, ya que él es quien le da vida, es parte integral de sí mismo y tanto el espiritismo como el metapsiquismo lo tienen contemplado como la máxima prueba de los poderes de un dotado.

Este elemento es moldeable, es decir, el Médium puede darle la figura que deseé, una mano humana, una pierna, un rostro o algún objeto, el material puede no ser visible, tiene la cualidad de mover objetos a voluntad del médium y cuando es perceptible visualmente, es como algo vaporoso, como un tejido, en momentos luminoso y cuando se condensa es cuando el médium lo moldea (ideoplastía) para darle la apariencia pretendida y si en una sesión de trabajo se encuentran personas dotadas, con su fuerza mental también pueden moldear el material.

En una asamblea espiritista de fantasmogénesis, (facultad que permite la creación ectoplásmica de personas, animales u objetos con una presencia completa) que se celebra en Moscú en 1913, unos investigadores que están en la sesión, preguntan al ser creado por medio de la fantasmogénesis, si pueden cortar parte de los antebrazos para estudiar las sustancias de las que se compone, el ser espectral solicita que le permitan prepararse para la cirugía a fin de que el médium no sufra las consecuencias de la mutilación. Después de cinco meses se lleva a cabo otra sesión y el ser que se crea en esta ocasión, permite que dos cirujanos le hagan cortes en sus brazos;

el informe indica que uno de los brazos es de carne, como la de cualquier ser humano y el otro de una materia como gelatinosa semejante al ectoplasma clásico.

TRANSFIGURACIÓN

Dentro de la parapsicología, la transfiguración (del latín *transfigurare*, trans, más allá y *figurare*, figurar) es considerada como una transformación temporal del cuerpo de un dotado y puede ser parcial (cara o una mano) o total y la parte que se transforma no se duplica, materializa ni es independiente al médium.

En la materialización el fenómeno es diferente, en los casos anteriores el médium materializa por medio del ectoplasma, la figura de una mano, una cara o un objeto y se ven conjuntamente lo creado y materializado y al propio médium y en la transfiguración, el cambio es en el propio cuerpo del médium, quien no logra algo extra fuera de su cuerpo, sólo se transforma, esta rareza se produce de una manera voluntaria, involuntaria y sorpresivamente, es desconcertante y poco estudiada por la parapsicología.

Uno de los grandes estudiosos e investigador del tema Allan Kardec, relata el caso de una niña de 15 años, acontecido en 1858 ó 1859, en la región de Saint-Etienne, Francia, quien sufre tan severas transfiguraciones que confunde a los presentes con el parecido que toma de seres muertos, como rasgos físicos, voz, mirada, hasta el tipo de lenguaje que utilizaron en vida aquellos difuntos, todo ello de una semejanza sorprendente, de tal forma que los testigos creen tener presentes a los difuntos en aquel momento, ella crea a voluntad dicho fenómeno cuantas veces lo desea, inclusive, se transfigura en uno de sus hermanos, que no hace mucho ha fallecido, el parecido es tal, que logra igualar la apariencia en cuanto a la talla y el físico, así como este hecho, existen otros semejantes.

APARICIONES DE SERES VIVOS

En ocasiones, olvidamos que el hombre tiene la capacidad de aparecerse en lugares distantes, lejos de donde se encuentra su cuerpo físico, gracias a viajes astrales o bilocaciones que por lo general, se llevan a cabo en horas de la madrugada, cuando el nivel de consciencia es más bajo, es en este momento cuando la persona se encuentra inmersa en lo mas profundo del sueño, en estado relajado y dispuesta a iniciar esa experiencia de una manera consciente.

La persona que efectúa el viaje astral percibe con claridad todos los lugares que recorre sin que muros o puertas la detengan y durante el trayecto, su cuerpo astral se mantiene unido a su cuerpo físico por medio del Cordón de Plata, (un fino hilo etérico, que no es visible al ojo humano), en el que sus extremos están conectados, uno al corazón de la persona y el otro en una parte del cuerpo astral, si se llega a romper ese cordón, que es muy raro, sobreviene la muerte. Una vez iniciado el viaje se puede presentar ante otras personas, (por medio de su Periespíritu, que es la representación etérica, es una calca del ser humano en el espacio) a distancias considerables.

La Bilocación (del latín *bis* = dos, y *locus* = lugar o sitio) tiene una particularidad, es la facultad de una persona para estar físicamente en dos lugares diferentes al mismo tiempo, es el caso de determinados santos como Antonio de Padua (1195-1231) o el Padre Pío, quien fallece el 23 de septiembre de 1968 en Pietralcina, Italia, en quien el fenómeno de la bilocación es un hecho comprobado. En las dos personas, al momento en que se presenta la bilocación, es instantánea, en la confusión, el testigo puede decir que es un fantasma, un espectro, o un duende, pero nada de eso es cierto, simplemente es la presencia de un cuerpo astral proyectado a distancia de donde se encuentra el cuerpo físicamente, pero que no tiene nada que ver con fantasmas, espectros o espíritus de seres humanos fallecidos.

COMPORTAMIENTO DE LOS FANTASMAS

Por Marco Antonio Gómez Pérez

Escribir sobre el comportamiento y diferentes manifestaciones de los fantasmas, sería extenso y repetitivo, ya que la variedad es tal que cuesta trabajo ubicarlos en una clasificación, a pesar de ello y para facilitar su ubicación, haré un listado de acuerdo con sus distintas manifestaciones, puesto que en muchas ocasiones, el mismo ente desarrolla una o más actividades diferentes para llamar la atención de los vivos, que tal parece esa es su finalidad.

En esta parte de mi colaboración, ubicaré a los fantasmas desde el punto de vista de su principal actividad en los lugares donde suelen aparecerse, cuando lo hacen, ya que también provocan ruidos, lanzan objetos, cuidan tesoros y agreden a la gente sin que se note una presencia física de ellos, inclusive, pueden ser instrumento de algún mortal que utiliza cuerpos sin alma para fines destructivos o de provecho personal.

Es preciso aclarar que utilizaré la definición común de fantasma, es decir: *Espíritus* inteligentes *de personas muertas que conservan su apariencia física y pueden ser malévolos, amables o indiferentes*[1], para referirme a aquellas apariciones que los mismos testigos y la creencia popular le dan al término, sin entrar en otras definiciones que, aparentemente, son sinónimas tales como espectro, aparición, espíritu, poltergeist, alma y las que resulten, ya que mis compañeros, en este mismo libro, han llevado a cabo estas diferenciaciones.

Iniciemos entonces este listado, que no clasificación, totalmente aleatorio y únicamente para tratar de ubicar a entidades de las que existen más reportes, no están todos incluidos, simplemente detallo a los fantasmas cuyas actuaciones son las más comunes y que tienen dos características distintivas, provocar baja temperatura y aparecerse preferente, pero no exclusivamente, por las noches.

JUGUETONES

Estas apariciones de fantasmas tienen un cierto parecido con gnomos y duendes, ya que se dedican a esconder algunos objetos, generalmente de tamaño pequeño o regular, que la gente utiliza con frecuencia,

---

[1] *¡Inverosímil! Fenómenos Inexplicables.* P. 166 Editado por Reader's Digest México, S. A. de C. V. México, D.F. 1985.

como pueden ser libros, llaveros, trapos de cocina, navajas, zapatos, calcetines, papeles y cualesquiera otros que estén a la mano en los momentos en que se van a utilizar, también divierten a los niños pequeños y a animales domésticos como gatos y perros. Para estos fantasmas, parece que su único pasatiempo es el de hacer travesuras sin causar daño alguno ya que por lo general no son de peligro ni provocan miedo.

CHOCARRERO o POLTERGEIST

Fantasmas que se dedican a causar molestias, ya sea provocando ruidos a altas horas de la noche y madrugada, proyectar sombras paseándose por las casas, comercios, fábricas etcétera y sobre todo, a lanzar objetos contra pisos, paredes, muebles y hasta a personas. Pueden parecer juguetones pero en realidad son sumamente molestos e irritables, además de que tal parece, lo que más les gusta es causar miedo en la gente, como que es la única forma que encuentran de llamar la atención para algo, pero que la mayoría de las veces los vivos ignoran, ya que su miedo no les permite observar a la aparición y tratar de entender qué significan todas esas demostraciones, aparentemente, de furia, odio o rencor.

CUIDADORES

Para estos fantasmas, su mayor actividad, si no es que la única, es la de cuidar personas, tesoros, reliquias, casas, fábricas y demás sitios, para que la gente no se lleve nada de allí, o por el contrario, para que se descubran y los fantasmas custodios puedan, al fin, ingresar al famoso túnel de luz y poder descansar en paz.

PREVENTIVOS

Este tipo de fantasma es aquel que, a través de sueños o apariciones, avisa de futuras desgracias, que casi siempre son inmediatas, pueden utilizar sólo voz pero en forma imperativa, ya que la rapidez con que actúen él o los afectados, dependerá de evitar alguna tragedia o cuando menos, de salvar de un accidente inevitable a alguien en especial. Muchos de estos fantasmas no vuelven a aparecerse nunca, tal parece que su única misión es la de avisar a alguien en particular y una vez logrado su cometido, desaparecen para siempre, ¿o no?

DELATORES

Son aquellas apariciones en las que el fantasma, en la mayoría de los casos fallecido por asesinato, delatan a sus victimarios a terceras personas o acosan a sus verdugos en todas las formas posibles para que confiesen su crimen y las víctimas puedan descansar en paz. También, dentro de esta categoría, están los que mueren sin que nadie lo sepa, como en catástrofes naturales, derrumbes, inundaciones, en parajes solitarios o por accidente y que sus cuerpos no han sido localizados. Son los momentos en que los fantasmas tratan de llamar la atención para que encuentren sus cuerpos y sean sepultados o cremados, según la costumbre de los familiares.

TRABAJADORES

Es muy frecuente encontrar fantasmas que, aparentemente, no saben que ya están muertos y llevan a cabo las mismas labores de antes de morir. Son innumerables los casos de comercios, casas y principalmente fábricas, en que los fantasmas siguen haciendo sus actividades "normales" sin que nada los perturbe y de acuerdo con algunas leyendas populares, puede deberse a que en vida no trabajaron correctamente y ahora, después de muertos, tienen que hacerlo por mucho tiempo, o bien, porque murieron en algún accidente y por causas desconocidas no han cruzado el túnel de la vida y la muerte. Esto también se da en algunos hogares donde, por lo regular, la mujer no hizo sus labores correspondientes y por lo tanto, tiene que hacerlas ahora después de su muerte[2].

DE HUMO

Como se puede apreciar en esta obra, estos fantasmas son aquellos que se manifiestan únicamente a través de ligeras o espesas capas de humo, regularmente grisáceo,

---

[2] Gómez Pérez, Marco Antonio, *Un Muerto con Cabal Salud*, P. 30 Editora pendiente, México, D.F. 1999.

pero que también puede ser blanco, café y/o oscuro. en estas apariciones, los espectros casi nunca aparecen completos, sino partes de su cuerpo como pueden ser manos, cara, parte del tronco y casi nunca los pies o completos, tal parece que les cuesta trabajo materializarse y nada más lo pueden hacer utilizando el humo, que en escencia, no es más que un gas sin cuerpo y volátil.

EN ESFERAS DE LUZ

Esta es una manifestación fantasmal un tanto extraña, ya que aunque muchas veces no se descubre quién es, por ser únicamente una aparición en forma de esfera luminosa, la gente que la ve puede saber ciertamente de quién se trata. Estas esferas pueden estar quietas en un solo lugar o hacer movimientos bruscos causando asombro entre quienes las visualizan.

LOS DEL ADIÓS

A mucha gente le ha pasado que de repente piensan en alguien y en ese momento lo encuentran o les habla por teléfono, pues bien, con los fantasmas sucede algo similar, ya que es frecuente que cuando fallece alguien, su fantasma se aparezca a algunas personas que quiso mucho en vida, como familiares, amigos, compañeros de trabajo y/o escuela y de alguna manera les hace saber que ya ha muerto y su presencia etérea es únicamente para decir el último adiós. No es necesario que haga seña alguna, ya que con frecuencia, la sola aparición es suficiente para llamar la atención y despedirse del mundo de los vivos. También se dan casos en que inclusive, los fantasmas llegan a hablar y a platicar con algunas personas como si no hubiera pasado nada y sólo después se descubre que la persona con la que platicaron había muerto antes de ese encuentro.

PROMETEDORES Y VENGATIVOS

Son aquellos fantasmas que están en el mundo de los vivos porque hicieron alguna promesa o amenaza antes de morir, la diferencia está en que, los Prometedores hacen juramentos de regresar después de fallecidos para decirle a la persona que aún está viva y de lo qué hay más allá de la muerte, o los que prometieron amar o no olvidar a alguna(s) persona(s) y precisamente son a estas a las que se les aparece, con una presencia más bien amable y sin manifestaciones de horror o miedo; en cambio, los vengativos regresan para cumplir amenazas y hacen todo lo que está a su alcance para causar algún daño a las personas vivas a las que amenazaron, algunas veces parece ser que lo logran, dando cumplimiento así a sus promesas lanzadas en vida y cumplidas después de la muerte.

REPETITIVOS

Este nombre puede parecer extraño, pero es en referencia a los fantasmas que, sin aparentemente importarles quien o quienes estén presentes, llevan a cabo una especie de rutina, generalmente violenta, que puede ir de sólo gritos hasta representaciones de asesinatos. Esta acción la llevan a cabo todos los días, como una eterna obra de teatro que no termina jamás, es posible que estás representaciones sirvan para que los testigos saquen conclusiones y en muchos casos, descubrir un crimen o a algún asesino que, hasta antes de presenciar esa rutina, nadie sospecha de su culpabilidad y mientras no se aclaren esos delitos, estos fantasmas no descansarán jamás.

POSESIVOS

Son aquellos que no están conformes con su muerte ni con causar miedo y terror en los vivos, sino que además, quieren poseer el cuerpo de sus víctimas. Estos fantasmas también caben perfectamente en los agresivos pero con la gravedad de querer continuar en el mundo de los vivos a cualquier precio, son sumamente necios y difíciles de alejar, ya que su inmenso deseo de no dejar este mundo, hace que utilicen todos los medios a su alcance, que son muchos, con tal de sentirse dentro de un cuerpo con vida.

AGRESIVOS

Probablemente, este tipo de fantasmas sean los más conocidos, por su abundancia en las leyendas e historias de familia que se han dado desde tiempos inmemoriales. Son aquellos a los que no les importa como espantar a la gente viva, dependiendo si desean correrla de algún sitio en especial o llamar su atención por alguna extraña causa ya sea lanzando objetos directamente a las personas, cerrando puertas, moviendo camas, mesas, sillas y todo lo que puedan, creando un espectáculo realmente espeluznante y macabro. Estos fantasmas agresivos pueden están incluidos en las categorías anteriores, inclusive en la de juguetones y pueden ser comparados con los chocarreros, la diferencia puede basarse en que a los agresivos no les importa causar daño a las personas y los chocarreros sólo tratan de llamar la atención de cualquier manera.

INVISIBLES

Este tipo de fantasma es aquel que, aunque no tiene ninguna aparición física, si se manifiesta a través de sonidos, ya sean ruidos o voces y por ciertas características que lo distinguieron en vida, como aromas de perfumes, lociones, flores, tabaco, incienso, frutas, comida y cualesquiera otros de diferente naturaleza. Generalmente, estos sonidos y aromas se escuchan y aparecen en los lugares donde el fallecido gustaba de pasar mucho tiempo, donde estaba más a gusto o donde pueda llamar la atención y ser identificado, ya sea su cuerpo o su presencia, precisamente, por contener estas peculiaridades.

ELECTRÓNICOS

Durante muchos años, la fotografía fue el único medio externo al hombre que permitió obtener imágenes de entidades espectrales y a partir del descubrimiento y control de la electricidad y de la invención de aparatos electrónicos de comunicación masiva como son telégrafo, radio, teléfono, televisión, audiograbadora, videograbadora, computadora, fax, impresoras y nuevamente la fotografía, ahora con dispositivos electrónicos, parece ser que son los preferidos por los fantasmas para manifestarse por cualquiera de ellos. No abundaré en este tipo, ya que en este libro hay una explicación extensa al respecto.

ZOMBIES

Este es un caso por demás extraño en la creencia vudista en los zombies, inclusive, es difícil pensar en incluirlo en este listado, ya que lo que se utiliza en estos casos no es un fantasma, sino el cuerpo de un muerto, a diferencia de los fantasmas posesivos, que invaden uno vivo. Es un cadáver vuelto a la vida mediante ritos mágicos del vudú y puede vagar por donde quiera o llevar a cabo alguna acción en especial y son los vudistas quienes convierten en zombies a los cadáveres para llevar a cabo tareas del campo o domésticas, aunque existe la creencia entre científicos y estudiosos de esta disciplina religiosa, que en realidad no devuelven la vida los cuerpos de los muertos, sino que, probablemente, tuvieron una muerte aparente, sin que se haya llevado a cabo en realidad, una especie de catalepsia y en el caso de que, efectivamente, si hubo muerte, no se sabe qué pasa con el fantasma de ese cuerpo.

INEXISTENTES

Debemos tomar en cuenta que muchas veces nuestros sentimientos de amor, pasión, cariño, celos y odio hacia algunas personas, al enterarnos que han fallecido, producen en nosotros reacciones encontradas y si por alguna circunstancia nos sentimos culpables de algo en relación al fallecido, podemos producir imágenes y situaciones de fantasmas, reales para nuestra mente pero ficticias e inexistentes en realidad. Estos no son fantasmas y únicamente han ocurrido en nuestra imaginación por algún sentimiento de culpa o de mucho amor hacia los difuntos.

Es necesario destacar que muchos de los parapsicólogos y estudiosos de la fantasmogénesis, coinciden en señalar que las actividades ya descritas de estos seres espectrales, se dan por diversas razones, entre las que destacan las de llamar la atención para crear miedo, ya que este es un sentimiento que produce mucha energía, la cual es utilizada por los fantasmas para continuar vagando entre los dos mundos, el de los vivos y el de los muertos y sólo cuando las personas aceptan a estos entes y dejan de provocarles miedo, es cuando muchos de ellos no vuelven a aparecer jamás, pues ya no hay energía que los nutra.

También puede deberse a que algunas personas vivas tienen mucha "luz", es decir, son aptas para guiar a los fantasmas hacía la luz del túnel de la vida y la muerte y por esta razón, las siguen a todos lados y tratan de llamar su atención para que iluminen su camino hacía su destino, inclusive, estos entes son capaces de estar encima de las personas cuando duermen con tal de conseguir un poco de su atención, esto se conoce comúnmente como "la subida del muerto" y es una de las formas más agresivas de los espectros. Si usted tiene algún fantasma en casa, piérdale el miedo, hable con él y probablemente, después de saber qué es lo que desea la aparición y la lleve a cabo, volverá a estar tranquilo en su casa y a dormir en paz.

¿QUÉ LOS RETIENE EN EL MUNDO FÍSICO?

Por Carlos A. Guzmán y Yohanan Díaz Vargas

Aceptando la existencia de los fantasmas y de que algunas corrientes sostienen que el hombre "encarnado", está compuesto por un cuerpo físico, la vida y el espíritu, cabe hacernos dos preguntas trascendentales: ¿Por qué algunos espíritus no se van del mundo tridimensional o material? y ¿Por qué continúan apareciendo ante sus seres queridos o en sus lugares preferidos?

¿A DÓNDE VAN LOS MUERTOS?

La mayoría de las culturas antiguas creen que los muertos realizan un largo camino al "Más Allá", por lo que entierran a sus difuntos con sus armas y alimentos para defenderse de lo desconocido, alimentarse y no sufrir pena alguna en su transitar hacia el mundo de lo eterno.

LOS DIVERSOS PLANOS

Al mencionar diversos planos no queremos que se piense que unos están encima de otros, si no que simplemente son diferentes, por ejemplo; cuando existen dos elementos a la vez pero que no se mezclan, están en un mismo espacio y en un mismo lugar pero que en su forma simple no se pueden mezclar, como el agua y el aceite, de igual forma, estos seres se sitúan en este mismo plano aunque no en lo físico, es decir, no en el plano material en el que existimos seres físicos que tenemos un cuerpo que se maneja en tres dimensiones para habitarlo, sino en planos espirituales en donde lo físico, el tiempo y el espacio ya no inciden en ese mundo, por lo tanto, un ser humano que pasa al plano espiritual ya no tiene ninguna acción directa sobre la materia, por el contrario adquiere la capacidad de traspasar los objetos.

ESPÍRITUS ERRANTES, ALMAS EN PENA

En ocasiones, los espíritus vuelven al mundo físico o su "energía" es percibida solo por algunos, estas apariciones se tornan, en la mayoría de los casos, en una especie de solicitud de auxilio por parte de dichos espíritus, ya que piden ayuda a las personas vivas, para que a través de sus oraciones o misas a favor de los difuntos, puedan descansar en paz, esto origina que si los espíritus no consiguen la ayuda necesaria, continuarán vagando y resistiéndose a dar el paso definitivo hacia su nueva estancia o plano.

RESISTENCIA A LA MUERTE

En los casos en que el paso de la vida a la muerte se transforma en una sacudida para una determinada persona y su Espíritu no acepte la muerte, este ser no transita al siguiente plano y se queda aferrado, dentro de su eterioridad, a un mundo físico al que ya no pertenece.

Tal situación es explicada por los parapsicólogos de muy diversas formas, entre ellas, por actividades trascendentes inconclusas, por fallecimientos violentos o por un lazo de unión de dos o más seres que no se interrumpe, ya que el amor u odio logran tender la comunicación que se rompe cuando una de las personas muere pero sigue manifestándose desde el más allá.

MORIR ES BONITO

Todos sabemos que la muerte es inevitable y para no desesperar ante la perspectiva de un fin definitivo, muchos necesitamos creer que al otro lado de la muerte hay algo más; de esta instintiva necesidad surgen los espíritus, la religión y la magia.

La psiquiatra suiza Elizabeth Kübler-Ross, quien en 1963 imparte la cátedra de psiquiatría en Denver, Colorado, Estados Unidos, dedica su vida al estudio de la muerte como fenómeno humano y social (28 títulos Honoris Causa por prestigiosas universidades de todo el mundo avalan su autoridad), para lo cual entrevista a más de veinte mil enfermos que, después de estar clínicamente muertos, han vuelto a la vida, de estos estudios evalúa los resultados bajo una estricta metodología científica desarrollada por ella misma y así escribe su primer libro, *Sobre la muerte y los moribundos*, publicado en 1969, el cual se convierte en un éxito internacional de obligada referencia para los especialistas en materia de tanatología (estudio de la muerte). De estas experiencias de más de veinte años de investigación, Kübler-Ross ha llegado a una conclusión fuera de todo morbo: *Morir es bonito*, de que no es el fin de la vida, sino solo una transición hacia otra, ya que el alma, al salir del cuerpo, sigue viva, trabajando, creciendo, relacionándose con los demás; conservamos una personalidad muy similar a la que tenía estando viva y aunque todos los casos de experiencias cercanas a la muerte son distintos, existen factores que se repiten, la principal coincidencia es que casi todos describen su muerte como una experiencia dulce y positiva.

La mayoría de los resucitados estaban conscientes de encontrarse en el umbral de la muerte, de repente, salían de su cuerpo, muchos pudieron observarlos postrados en la cama de su casa, del hospital, en el quirófano de urgencias o atrapados entre los restos materiales de algún accidente, muchos coinciden en que es como un soplo de aire, de repente ¡Puuffft! ¡Ya está!, a veces ni siquiera se dan cuenta del proceso, ya que el instante del abandono del cuerpo varía, como en el caso de un accidente de tráfico, puede ser que el alma salga del cuerpo antes del choque.

Afirma la doctora Kübler-Ross que: *"El más allá es una forma de existencia, es energía psíquica en estado puro, es amor y en esa comunión de amor, en posesión del conocimiento pleno, viven las almas los espíritus, aunque en cierto modo sigan conservando una especie de personalidad propia.*

"Si uno tiene asuntos pendientes aquí, por ejemplo niños pequeños, o si la familia no estaba preparada para aceptar la pérdida, entonces podemos venir a echar un vistazo de vez en cuando. Pero, las almas en el más allá tienen sus propios asuntos que resolver, por lo que cada vez se van desprendiendo más de este mundo terrenal. Todos tenemos una misión en la vida, y si no la conseguimos completar aquí en la Tierra, tendremos que seguir trabajando, espiritualmente, tal vez en el más allá."

La doctora suiza ha vivido varias de estas experiencias extracorporales, como las nombra, ya que la mayoría de las veces ella las indujo mediante ciertas técnicas de meditación, aunque en una ocasión le ocurre espontáneamente y cuando regresa a su cuerpo, habla de: *"Luz, armonía y belleza, de que la vida de ultratumba puede resultar bastante agotadora".* Según ella: *"En el más allá se van a cumplir todos los deseos que no hemos visto satisfechos aquí en la tierra, por ejemplo, quienes siempre quisieron componer una gran sinfonía la harán allá o los que quedaron con ganas de comer caviar y beber champán todos los días, allá lo tendrán y quienes anhelan ser sabios, por fin lo serán, lo mejor es que no sólo se hará realidad todo lo bueno y bonito a que aspiramos en vida, sino también nuestros pensamientos menos nobles, como las manías, temores y obsesiones, que pueden llegar a convertirse en problemas muy serios y tomar cuerpo como por arte de magia, únicamente cuando todos los instintos y neurosis hayan sido vencidos, las almas del oscuro purgatorio saldrán y la entrada al paraíso quedará libre".* Concluye la psicóloga Kübler-Ross.

Si lo comentado por la psiquiatra suiza es cierto, volvemos a nuestra pregunta original: ¿Qué retiene a los fantasmas en el mundo físico? Ciertamente, lo principal son la gama de sentimientos, responsabilidades y actividades que, tal parece, no podemos controlarlos al momento mismo de la muerte y mucho menos, si nuestros espíritus ignoran que ya no pertenecen al plano físico.

LOS "PSICONES"

El investigador científico Carington, habla de una teoría asociada a una concepción de conjunto del psiquismo humano y del problema de la supervivencia, según él, un espíritu humano consiste en percepciones (sensa) y grupos de imágenes, los que en términos generales se denominan "psicones", entidades inmateriales pero existentes por sí mismos, son una especie de átomos psíquicos ligados entre sí por lazos de asociación; en todo instante el "campo de la conciencia" es el conjunto de estos psicones y de los sensa de origen más corporal; como la personalidad y conciencia que son la estructura misma de este agrupamiento complejo, el sistema de fuerzas existentes entre estos psicones. Lo esencial de esta conciencia reside, sin duda, en el grupo de sensa que emana del organismo, núcleo casi inmutable al que se le agregan los sensa e imágenes más permanentes, los de nuestra experiencia profunda y de nuestro ambiente familiar, la telepatía, justamente, es la entrada en relación con otro ser, por medio de un psicón común a los dos.

Al analizar y desarrollar esta hipótesis, Francois Gregoire amplía el sentido que le da Carington, añadiendo: *"En estas condiciones, el problema de la supervivencia es el de saber si tal sistema de psicones es estable en las circunstancias que siguen a la muerte, especialmente después del corte con los psicones de la sensa causados por estimulantes del mundo material. Luego no hay aquí razones para pensar que un tal sistema bien organizado —como es el caso de un adulto normal— no se conserve idéntico después de la desaparición del cuerpo, tal vez con un cierto número de nuevos sensa introducidos por el hecho de la propia muerte. Es incluso probable que al comienzo sea difícil, darse cuenta de que se ha muerto; de aquí el aspecto característico de tantas comunicaciones espiritistas, que precisan que el difunto "no podía creer que había muerto... ...De todas maneras, reencontraremos nuestros pensamientos tal como fueron, No hay ninguna razón para creer que si el cuerpo deja bruscamente de funcionar, el espíritu de un hombre se encuentre de repente dotado de conocimientos, de sabiduría, de virtudes, que no haya tenido antes, ni que sea llamado a un estado de beatitud o condena".*

Gregoire continua analizando a Carington y dice: *"Es imposible que el difunto pueda tener conocimientos de acontecimientos físicos, porque le faltan los órganos de los sensa de origen fisiológico; por el contrario, si el muerto tiene un cierto número de ideas comunes con uno o varios vivos, en cierta medida puede creerse que participará de sus imágenes y guardará un contacto con ellos. Por lo mismo, puede haber comunicación entre muertos, en función de numerosas experiencias comunes".*

En concreto, Gregoire se refiere a la hipótesis de Carington: *"Ya que el otro mundo debe revestir, en primer término, el aspecto bien característico de un sueño, no es que deba ser puramente fantástico en el sentido vulgar de la palabra, sino que está regido por leyes psíquicas, no físicas, a las que nos llevará un cierto tiempo adaptarnos, por lo demás, todo es exactamente igual a como es nuestra entrada en este mundo. Este cuadro puede parecer poco atractivo: pero hay aquí el efecto de nuestra tendencia a apreciar todo en relación a este mundo, que es actualmente el nuestro y todo hombre tendría la misma impresión de desaliento si, antes de nacer, le fueran descritas las características del mundo terrestre, que luego se tendrá tanto inconveniente en abandonar y es muy probable que las condiciones que encontremos tras la muerte se revelarán sensiblemente más agradables de lo que aparecen en la descripción precedente, cuando estemos habituados".* Concluye el estudioso.

FANTASMAS FAMOSOS DE MÉXICO Y EL MUNDO

Por Marco Antonio Gómez Pérez

Desde que el ser humano empieza a enterrar, cremar, comer o abandonar a sus muertos, nace en él la creencia de que existe en los humanos algo más que el simple cuerpo físico y es así como también nacen las leyendas. Entenderemos como tales a las narraciones o relatos de sucesos fabulosos, a veces con una base histórica o cierta, que se transmiten por tradición oral o escrita y que generalmente son transformados y modificados por el uso y la costumbre.

MÉXICO

LA LLORONA

Sin temor a equivocarme, esta es la leyenda más famosa de nuestro país, su origen se remonta a los tiempos prehispánicos, por lo que esta alma en pena debe tener, cuando menos, seiscientos años de vagar sin rumbo, de lamentar el asesinato de sus hijos y sin saber cuánto tiempo más tiene que seguir gritando y asustando a los vivos. La Llorona es la madre que, por un inmenso amor a su pareja y a una promesa de matrimonio jamás cumplida, es capaz de llegar al sacrificio de sus dos hijos y posteriormente al arrepentimiento de su cruel acción, la cual la lleva a una penitencia después de su muerte que continúa aún en nuestros días, y sus desgarradores gritos: *¡Ayyy mis hijos...Pobres de mis hijos!,* aún se escuchan en diferentes estados de la República Mexicana como San Luis Potosí, Guerrero, Zacatecas, Guanajuato y en el Distrito Federal, principalmente en colonias como el Centro Histórico, San Angel, Mercaderes, La Quemada, Santa Julia, Portales e Iztapalapa, entre otras.

XTABAY

Es una de las leyendas que más se escuchan en nuestro país y en Centro América, ya que describe al espíritu de una hermosísima mujer, nacida de una planta espinosa, punzadora y mala, quien espera a los cansados viajeros en los caminos, atrayéndolos con exquisitos cantos y frases tiernas de amor y tenerlos así, bajo su poder; cuando esto sucede, los destruye sin misericordia alguna, gozando al despedazarlos, es, sencillamente, la representación del mal, inclusive así se le conoce en la Península de Yucatán, teniendo especial cuidado de no nombrarla para no atraer su furia. Ella está en la selva, montañas, campos, cenotes o en cualquier lugar donde pueda encontrar hombres débiles de cuerpo y espíritu para continuar con su macabra obra de destrucción y muerte. Sin embargo, hay quienes defienden a Xtabay diciendo que, quienes seducen a los hombres para matarlos, son los fantasmas de las vírgenes que murieron sacrificadas en los cenotes sagrados o de mujeres que toman venganza por el engaño de sus amados, pero Xtabay, jamás haría ni hará mal alguno.

EL DEL CALLEJÓN DEL MUERTO

Este es un personaje característico de tiempos de la colonia, cuando muchos españoles continuaban llegando a América para hacerse de fortuna y nombre. Tal es el caso de Tristán de Alzúcer quien llegó a México para establecer un comercio, le va bien y logra ampliarlo, para esto, manda a su hijo a la Villa Rica de la Vera Cruz, pero en el viaje enferma y Tristán, un fervoroso católico, promete a la Virgen que si regresa vivo su hijo, él caminará hasta su santuario, ubicado en un cerro, para llevarle flores El hijo alivia pero el comerciante español olvida su promesa y más aún, cuando el arzobispo, amigo suyo, le releva de cumplir esa manda. Un día en que el arzobispo camina por la calle, se encuentra a un Tristán pálido, delgado, con voz cansada y al cual pregunta a dónde va, a lo que el español responde que a cumplir su promesa, el arzobispo no ve por qué hacerlo tan precipitamente, pero no dice nada. Al otro día, ve al hijo de su amigo y le pregunta por su padre y este le contesta que falleció el día anterior y al saber la hora, se da cuenta que fue antes de encontrárselo cumpliendo su promesa. Desde ese día la calle se llamó el Callejón del Muerto, actualmente República Dominicana, en el Centro Histórico de la ciudad de México.

LA CALLE DE JUAN MANUEL

Tal parece que durante los 300 años que duró la colonia española en México, estuvo llena de actos fantasmales, ya sea por lo injusto y cruel del sometimiento y exterminio de los nativos o como consecuencia de una sociedad y realeza verdaderamente rancia, en el sentido despectivo del término, ya que lo único que importaba en esa época era hacer fortuna sin importar los medios, como ser amigos de los gobernantes o parte de ellos, conseguir como esposa o amante a la mujer más bella del lugar y demostrar ante los ojos de los demás que eran muy hombres, sin tomar nunca en cuenta la opinión de las mujeres, eran, (y en muchos aspectos seguimos arrastrando este lastre en la actualidad), unos verdaderos machos. Tal es el caso de Juan Manuel de Solórzano, quien vivía en lo que hoy es la cuarta calle de República de Uruguay, en el Centro Histórico de la ciudad de México.

Juan Manuel hizo su fortuna a través de la corrupción imperante en los gobernantes de la Nueva España y aunque era un hombre mayor, no tuvo problema alguno para conquistar y desposar a la bella Ana Porcel de Velasco, quien, joven e impetuosa, no desaprovechaba oportunidad alguna de conquistar corazones masculinos, lo que incomodaba de sobre manera a Juan Manuel, quien una noche, lleno de celos, finge un viaje de varios días y escondido, espera hasta las once de las noche afuera de su casa, para descubrir a los amantes de su esposa, así cuanta persona tuvo la mala fortuna de cruzar por la casa del celoso hombre en la hora y el lugar equivocados, era cuestionada por Juan Manuel: *¿Qué horas son, caballero? Las once. Contestaban y llevando acción y respuesta al mismo tiempo, decía: Dichoso usted que sabe a que hora va a morir y* así asesinó a mucha gente inocente hasta que fue descubierto y ejecutado. Cuenta la leyenda que, muchos años después se sigue viendo la figura fantasmal de Juan Manuel preguntando la hora con voz de ultratumba y blandiendo en su mano un filoso cuchillo que brilla a la luz de la luna o de los faroles, para desvanecerse tan rápido como aparece.

EL MUNDO

ABRAHAM LINCOLN (1809-1865)

Sin duda, Abraham Lincoln es uno de los presidentes de Estados Unidos que más fama gozan en el mundo, no sólo por sus ideas de libertad y justicia, sino porque él mismo también es un fantasma famoso que deambula incansablemente por la Casa Blanca, en Wahsington. Se dice que Lincoln inclusive predice su muerte, ya que le es revelada mediante un sueño y este se convierte en realidad diez días después. A partir de su fallecimiento y por una extraña razón, cuando más aparece el fantasma de Lincoln es durante el periodo presidencial de Franklin Delano Roosevelt, (elegido en 1932 y reelegido en 1936, 1940 y 1944). Durante una visita de la reina Guillermina de los Países Bajos a la Casa Blanca, cuenta que en la primera noche tocan a su puerta y al abrirla, grande es su sorpresa cuando se le aparece Abraham con su característico sombrero de copa y traje negro, recorriendo los pasillos. También una de las secretarias de Roosevelt mira a Abraham en la que fue su habitación, colocándose las botas y a punto de salir, si es o no el fantasma de Lincoln, nadie puede asegurarlo, lo realmente cierto, es que es un fantasma muy difícil de confundir.

ATENODORO

El romano Plinio el Joven, probablemente vive del año 62 al 114 d.C. y es un narrador de lo cotidiano en la vida de los romanos a principios del cristianismo. En uno de sus escritos describe la aparición de un fantasma del cual escucha hablar y que le impresiona sobremanera, esto ocurre en la ciudad de Atenas, en una casa que nadie quiere ni regalada. Por ese entonces, el filósofo Atenodoro decide vivir, por lo barato del alquiler y la soledad de la que está rodeada, para quedarse a escribir hasta altas horas de la noche, como es su costumbre. La primera noche está tan concentrado en su trabajo, que cuando escucha ruidos de cadenas arrastrándose no hace caso alguno, hasta que el sonido es tan fuerte que, casi sin moverse, alza la vista y ante él, está el fantasma de un viejo, con una barba y pelo largo, canoso y descuidado, harapiento y envuelto en una larga cadena que casi le impide movimiento alguno, sin inmutarse, Atenodoro sólo lo recorre con la mirada y vuelve a concentrarse en su trabajo, por lo que la aparición, totalmente enojada, agita sus cadenas tan fuertes que el filósofo no tiene más remedio que volver a levantar la cara, el fantasma le hace señas de que lo siga, el filósofo, con la mayor tranquilidad del mundo toma un lámpara y camina tras el espectro hasta el jardín, donde la aparición señala un apartado lugar y desaparece, por lo que Atenodoro regresa a su escritorio y continúa con su trabajo.

Al siguiente día, después de dormir profundamente, va con los magistrados y les narra lo sucedido la noche anterior, los lleva hasta el jardín de la casa y al empezar a excavar, desentierran un esqueleto humano envuelto en viejas y oxidadas cadenas, nunca se sabe quién es el difunto y después de esto, no se vuelve a escuchar ruido alguno en la casa. De este relato nace el prototipo del fantasma harapiento y ruidoso que arrastra cadenas para llamar la atención a como dé lugar.

LEAH, MARGARET Y KATE FOX

Las hermanas Fox llaman poderosamente la atención de los habitantes de su país en 1848, en la aldea Hydesville, al norte de Nueva York, Estados Unidos cuando empiezan a escuchar extraños ruidos y a ver apariciones brumosas de un fantasma en su casa, al que identifican como Charles Hynes y posteriormente llamaron "Señor Splitfoot" (pie roto). Ellas intentan crear un lenguaje basado en cierta cantidad de golpes para obtener respuestas del espectro, como suele suceder en los pueblos, la noticia llega más allá de su localidad y pronto, las hermanas Fox se vuelven famosas.

El fantasma les comunica que era un vendedor que ha sido asesinado y les indica el lugar donde está enterrado, efectivamente, al abrir la tierra, encuentran dientes y algunos huesos humanos. Está aparición del fantasma de las hermanas Fox tiene dos lados oscuros y uno positivo; uno, que la historia de los huesos encontrados está en duda porque nunca se confirma y dos, que muchos años después de estos sucesos "confiesan" que lo de los golpes y el fantasma no son ciertos, aunque Margaret se retracta y dice que todo es real. El lado positivo es que, gracias a la expectación que causan, hace su aparición formal, gracias al investigador francés Allan Kardec (1804-1869) quien desde entonces llama a estos sucesos espiritismo.

CHARLES DICKENS (1812-1870)

Se dice que dos años después de fallecer este periodista y escritor inglés, su espíritu entra en contacto con Thomas P. James, un empleado de la imprenta de Brettleboro, Estados Unidos, al cual dicta muchas y agotadoras páginas todos los días, a través de escritura automática, para terminar de redactar la novela *El Misterio de Edwin Droop*, que deja inconclusa por su fallecimiento. Varios estudiosos de la obra de Dickens están de acuerdo en que lo que recibe el joven James del fantasma de Dickens, concuerda estrictamente en el estilo y coherencia del escritor inglés.

OSCAR WILDE (1854-1900)

El poeta y escritor inglés del siglo pasado, aparentemente también contacta con la médium británica Travers-Smith, quien escribe cartas y mensajes dictados por Wilde y publicados hasta el año 1925. En estos dictados, el poeta proporciona detalles de su vida privada, que, posteriormente, son avalados y confirmados por sus biógrafos, ya que estas líneas conservan su muy particular y despectivo estilo literario.

LOUIS NAPOLEÓN

Sobrino-nieto de Napoleón Bonaparte e hijo de Napoleón III, adopta la nacionalidad inglesa y lucha con este ejército en varias batallas, por lo que en 1879, el príncipe Louis pelea en Africa del Sur en plena selva del territorio zulú y fallece en combate; para evitar la rápida descomposición del cuerpo, sus compañeros lo entierran en la misma selva. Su madre, Eugenia de Montijo, no quiere dejar que su único hijo esté en tierra extraña y va por su cuerpo, al llegar, la selva ha crecido tanto que oculta la improvisada tumba, son muchos días de búsqueda, hasta que, de repente, el ambiente es invadido por un extraño aroma a violetas, Eugenia lo percibe y lo sigue hasta llegar exactamente a la tumba de su hijo. Ella expresa que sigue el aroma a violetas porque es el preferido de Louis y cuando se disipa el olor, sabe que ahí está lo que busca con tanto afán. Aunque en este caso no hay ninguna aparición fantasmal del príncipe, si existe una "orientación" para la madre, la única que podía identificar un aroma tan peculiar y personal.

COMOLLO Y SAN JUAN BOSCO (1815-1888)

Siendo apenas un joven italiano seminarista, Juan Bosco hace un trato con su amigo Comollo, para que el primero que muera, le comunique al otro cual ha sido el resultado de su juicio ante Dios. Comollo fallece primero y unos días después de su entierro, el 3 de abril de 1839, se presenta el difunto no sólo ante los ojos de su amigo Juan sino a los de todos los seminaristas que ocupan un enorme salón como dormitorio. La aparición es con un gran despliegue de ruidos y luces y ante la cama del sorprendido amigo, Comollo grita: *Bosco, Bosco, Bosco, me he salvado*, esta aparición fantasmal, a pesar de ser de su amigo que le recuerda el pacto entre ellos, le causa una enfermedad que le dura varios años y en sus memorias advierte a quien quiere escucharle, *¡Este tipo de pacto jamás debe hacerse!*

ESPIRITISMO-
ESPIRITUALISMO-
MEDIUMNIDAD

Por Francisco Domínguez

Espiritismo viene del latín *spiritus* = espíritu, que significa *Doctrina que consiste en provocar la manifestación de seres inmateriales, llamados espíritus, o sea los espíritus de seres desencarnados.*

Es necesario aclarar que el autor del Diccionario Masónico, Jaime Ayala Ponce, indica que a la escuela francesa fundada por Allan Kardec los ingleses la llaman Espiritismo (Spiritism) y a la creada por las Hermanas Fox, tanto en América como en algunos países europeos, Espiritualismo (Spiritualism).

Sin un personaje tan importante como el Médium, es posible que el camino del Espiritismo hubiera sido mas largo y problemático, él es el vehículo para lograr la comunicación con entidades del mas allá, es el vínculo que sirve a los creyentes y será el que dé fe del contacto con esos espíritus, porque de ellos, él mismo recibe todas sus enseñanzas.

Uno de los personajes que prepara el camino del espiritismo es Emmanuel Swedenborg (1688-1772), nacido en Estocolmo, Suecia, un gran vidente, ingeniero de minas, naturista, físico, geólogo y un gran erudito en temas bíblicos. Este personaje es sin duda quien marca el rumbo para que nazca y se concrete el Espiritismo, su esfuerzo fructifica en el año 1848, pero antes, en 1745, Swedenborg deja todos los cargos que tiene y se dedica totalmente al misticismo y ocultismo, cuando en Europa toman fuerza dos filosofías de sociedades discretas que no secretas, los Rosacruces y la Francmasonería.

Emmanuel tiene una sensibilidad especial para los fenómenos paranormales, aunque sus creencias religiosas condicionan su postura ante ellos, es posible que su cultura le haya servido para hacerse mas receptivo a las percepciones sobrenaturales que él posee. La recurrencia de visiones del cielo y del infierno son comunes en él, entre los espíritus que el ve en esos lugares, nota la presencia de personas conocidas y siente que es visitado por espíritus y hasta conversa con ellos y según Swedenborg, el momento más propicio para entrar en contacto o comunicación con los espíritus (bajo una concentración especial) es en el instante en que el hombre se encuentra en una semivigilia, o sea, cuando está entre despierto y dormido. También desarrolla la teoría de que es posible que las personas que fallecen, no vayan al lugar que les corresponde de inmediato, sino que su alma espera un tiempo, con una apariencia y ocupación como las que tenía en vida.

Emanuel escribe un libro en 1758, titulado *"Cielo y Tierra"*, en el que asienta las bases para instituir el Espiritismo, plasma su creencia en la eternidad del Alma, (y del Espíritu, agrego yo) y la probabilidad de que esta entre en comunicación con los vivos.

El Espiritismo de la era moderna nace el 2 de diciembre de 1847, en la casa del pastor metodista John D. Fox, que la llaman "Hydesville", en el barrio de Arcadia, dentro de la jurisdicción del condado de Wayne, en el estado de Nueva York. Las niñas Fox comienzan a escuchar ruidos extraños en su habitación, con cierta regularidad, sin que haya una razón aparente, curiosamente los ruidos se dan sólo cuando las niñas se encuentran despiertas.

Al año siguiente, en casa de las Hermanas Fox se llevan a cabo las primeras sesiones de Espiritismo, (comunicación con espíritus del más allá), para lo cual, ellas crean una forma de comunicarse con los espíritus, según los golpes que producen en la mesa, por ejemplo; un golpe es Si, dos golpes No. Con el tiempo, las necesidades crecen y el lenguaje es mas completo y complejo entre el más allá y los vivos. Esta noticia corre como reguero de pólvora y comienzan a practicarse reuniones de este tipo en varios países y con esto, nace el Espiritismo.

Es tanta la fuerza que toman estas sesiones en América, que pronto viajan hasta Europa pequeños grupos de creyentes de esta incipiente filosofía y poco después inician las reuniones con fines espiritistas en el viejo continente, al conocer la noticia de que: *Los espíritus* (y las Almas) *se pueden comunicar con los vivos*, (que yo reacomodo como que los vivos nos podemos comunicar con Espíritus y Almas del más allá).

Dentro de toda la euforia desatada, quien crea un lenguaje propio de la filosofía Espiritista es sin duda Hyppolite-Leon Denizart Rivail, mejor conocido como Allan Kardec, nacido en Lyon 1804, quien utiliza términos como Periespíritu, Manifestaciones Visuales, Transfiguración, Invisibilidad, Emancipación del Alma, Aparición de personas vivas, Bicorporiedad, Médiums y muchos más que podemos encontrar en su libro, escrito junto con Gabriel Delanne, *Los Fundamentos del Espiritismo*.

En décadas posteriores, otras personas prominentes dan giros diferentes e importantes al espiritismo. Ahora, iniciando el siglo XXI, existen escuelas modernas que se autonombran "Espiritistas Científicos", como Oscar García, entrevistado por José Antonio Campoy para la revista *"Mas Allá"* No.75 de mayo de 1995, quien comenta: *"Entendemos que catalogar al espiritismo de religión es una auténtica desnaturalización. Hay personas que no entienden que espiritualidad y religiosidad no tienen porqué ser lo mismo. Nosotros aspiramos a la espiritualidad, pero no exactamente a la religiosidad."*

PRIMERAS SESIONES ESPIRITISTAS

En las primeras sesiones de tipo espiritista, se colocan alrededor de una mesa los asistentes y de esa forma se disponen entrar en comunicación con los espíritus del más allá. Quienes acuden son personas de diferentes niveles sociales y culturales, con diversos propósitos, unos por curiosidad, otros por notoriedad, algunos más porque tienen fe en los hechos y la mayoría, porque quieren mensajes esperanzadores del más allá para atenuar sus calamidades.

Con el tiempo, a preguntas complejas obliga a respuestas más claras y precisas, por lo que así surge la OUIJA, que es una tabla que contiene en la superficie el abecedario, dígitos del uno al cero y los monosílabos Si y No. Se sientan dos personas, de frente, con las rodillas tocándose y alguien formula preguntas. El indicador es un triángulo en el cual colocan los dedos encima algunas de las personas que se encuentren en la sesión y es así como va señalando letras para formar palabras que a su vez conforman respuestas.

Pero abramos un paréntesis para destacar la diferencia entre el Espiritismo y el Espiritualismo, los primeros son los que se encuentran dentro de la escuela de las Hermanas Fox y rechazan, casi de manera general, la creencia en la reencarnación, en cambio, los segundos, que corresponden a la escuela de Allan Kardec, creer en la reencarnación es de vital importancia.

MEDIUMNIDAD

Recordemos que en todo lo relativo a los fenómenos paranormales, ...*No todo es verdad,... pero no todo es mentira*. Mediumnidad o Mediumnismo es una palabra ahora admitida para designar aquel estado anormal psicofisiológico que conduce a una persona a tomar en cuenta hechos como las fantasías de su imaginación y sus visiones reales.

La mediumnidad, como su nombre lo indica, es una cualidad de mediador, en la que, quien tiene o padece ésta facultad, se convierte en un agente de enlace de comunicación entre los hombres vivos y los espíritus desencarnados, para llevar a cabo estos menesteres hay métodos de capacitación para desarrollar dicha aptitud. Por lo general, es una persona que no se da cuenta de lo que hace por medio de su cuerpo y menos quien lo lleva a cabo, ya que no recuerda nada cuando despierta del trance o de una especie de sueño, destacando una particularidad física de los grandes médiums, que son individuos de no buena salud, desequilibrados emocionales, propensos a ataques epilépticos y con tendencia a caer en vicios anormales, ya que esta actividad no es un don fácil de soportar.

El Médium también tiene cualidades para una percepción extrasensorial, capaz de provocar fenómenos paranormales, estas personas son los que regularmente participan en las sesiones de espiritismo para lograr una comunicación con los espíritus del más allá, mental, escrita o física, (en el sentido de su presencia) y otras más. No todos los médiums son iguales, los hay de Efectos Físicos, quienes producen manifestaciones materiales de tipo paranormal, como ectoplasmías ya descritas en este trabajo, Sensitivos o Impresionables, individuos que son sensibles al sentir la presencia de los espíritus, factor común en los médiums, Auditivos, quienes escuchan de una manera especial solo la voz de los espíritus, Videntes, con la facultad de ver a los espíritus, Escribientes o Psicógrafos, quienes tienen la capacidad de comunicación por medio de la escritura automática, Curanderos, con el poder de la sanación, ya sea por medio del tacto, con una mirada o con sólo un ademán, sin tener que utilizar ningún medicamento; Especiales, tienen cualidades hasta ahora no definidas, provenientes del conocimiento del espíritu aparecido y aunque la clasificación es mucho más extensa, básteres con esta por ahora, para tener una idea más clara sobre los Médiums.

ALMA Y ESPÍRITU

El Alma es una parte importantísima en nuestro existir y nada fácil de definir y para tener una visión más clara, recurriré a la opinión de varios pensadores. Se comenta que durante la Revolución Francesa, los pioneros de la neurología acuden a las ejecuciones con el propósito de buscar el alma en las cabezas de los recién degollados, otros científicos creen que se encuentra en los elementos químicos del cerebro y el investigador Santiago Ramón y Cajal dice: *"Nunca he visto el alma con mi microscopio"*, a pesar de ellos, en investigaciones sobre la conciencia de los últimos 50 años dentro del ámbito de la parapsicología y en los campos de la física y la biología, indican que Alma y Cuerpo constituyen el componente de un mismo elemento o sustancia.

Autores contemporáneos como Jaspers, Sheler y Ortega y Gasset han notado una diferencia entre vida, alma y espíritu, sobre todo entre estos dos últimos con la que concuerdo, la cual es que: *Se cree que el alma es la sede de algunos sucesos emotivos, sentimentales y afectivos, en cambio el espíritu es concebido como el sitio de ciertas acciones razonadas por medio de las cuales se hacen entendimientos objetivos.* El alma es inmanente, (inseparable) mientras que el espíritu va más allá, (trasciende).

Cuando se menciona que el alma es una parte inseparable del ser, deduzco que se refiere al soplo Divino, el hálito que da vida a todo. Cuando está a punto de trascender el pensamiento del hombre al siguiente plano que es la muerte, (que en realidad no muere nada, el cuerpo se transforma y el alma es intemporal) hay el estertor de muerte, que es la lucha entre la energía llamada alma, que no puede despegar porque el cuerpo se lo impide y por otra parte, es la lucha de la misma alma que debe irse, pero no quiere, porque el cuerpo es su casa, su receptáculo, su razón de estar en el mundo material, hasta que por fin se rompe el vinculo entre el cuerpo y el alma, (¿el cordón de plata?) para que el alma vaya a su nueva realidad.

Hay una definición de Alma que comparto, *Psyche o nephesh de la Biblia; el principio vital o soplo de vida que todo animal, desde el infusorio, comparte con el hombre,* también en la Biblia traducida, dicha palabra significa indistintamente vida, sangre y alma y en otra de sus partes describe al Espíritu como; *Informe e inmaterial y cuando está individualizado, es de la más elevada substancia espiritual.*

No olvidemos que el cuerpo de un ser humano desencarnado es un Espíritu, después del Alma, Algunos estudiosos piensan que el Periespíritu o universal a quien también se le define como ateria siendo el intermedio entre la materia y el espíritu, es lo que envuelve al cuerpo del hombre, más bien, es el Alma quien lo rodea o cubre.

Retomando todas estas ideas, se puede concluir lo siguiente:

- La materia por si sola no **VIVE**, lo que le da la presencia de **EXISTIR**, es el hálito, el soplo **DIVINO** llamado **ALMA**.

- El Alma siempre se encontrará en contacto con el **PENSAMIENTO** del hombre, con su **CEREBRO**.

- Mientras el hombre en su conjunto funcione bien, en el sentido orgánico y mental, el **ALMA** lo acompañará.

- En caso contrario el Alma se retirará, porque su misión es acompañar al **SER** mientras **VIVE**, es la compañía para el mundo **VIVO MATERIAL**.

- Entre más *pensamientos elevados* tenga el hombre dentro de las *leyes divinas*, su Alma estará más cerca de su *Espíritu*, por medio de las acciones del Alma, que es el *pensamiento* del hombre, (la unión entre Alma y Espíritu es continua si el hombre así lo decide).

- Si el Alma se encuentra cerca del Espíritu, entonces el hombre se encontrará más cerca del *Creador Supremo*, porque ÉL es la *Luz Total* y el Espíritu es luz, de allí que nuestro destino real sea ir a un estado *Puro de Luz*, y esa Luz es ÉL.

- ÉL es *Trinidad* y nosotros somos una semejanza, ALMA (Padre), CUERPO (Hijo) y ESPÍRITU (Luz), cuando el hombre deja de existir, el Cuerpo va a la tierra y el Alma, junto con los pensamientos y acciones del hombre, va al Espíritu, por lo tanto, la parte *Vital* de la vida, es el Alma, la parte *Suprema* es el Espíritu.

- El Alma es moldeable, el Espíritu es incorrupto porque es parte del *Creador* (salvo que el espíritu se encuentre bajo el dominio del rey de las tinieblas).

En relación al Periespíritu hay quien dice que es una imagen idéntica a lo que es nuestro cuerpo físico, es un retrato etéreo del ser humano, por lo tanto, en los viajes astrales y las bilocaciones lo que se manifiesta es el Periespíritu, pero cabe una pregunta, ¿Acaso no es el Alma lo que se presenta ante los demás por medio de viajes astrales o bilocaciones, en referencia a manifestaciones de seres vivos?, ya que existen investigadores que opinan que la morada del Espíritu es el más allá, entonces, lo que es de este mundo, es el Alma.

TRANSFORMACIÓN DESPUÉS DE LA MUERTE

La conservación de la materia del cuerpo es temporal, ya que después de unas cuantas horas del fallecimiento la materia del *Ser* entra en descomposición, en ese momento la materia ya sin Alma se pone a disposición de la naturaleza para transformarse y es la más importante del hombre, es trascender de su ser en el tiempo y en el espacio y eso lo logra cuando el Alma se une al Espíritu.

Personalmente, considero que el hombre solo puede tener tres transformaciones después de la muerte, (algunas de estas transformaciones pueden darse en etapas) inclusive, esta posición es posible también para aquellos que creen en la reencarnación ya que lo que va a persistir de nosotros es nuestra Energía, llámesele Alma y Espíritu, manifiesta ante los ojos de los vivos cuando las "Entidades Desencarnadas" así lo deciden, veamos cuáles son estas transformaciones:

- Primera. En entidades malignas (regidos por el espíritu del mal), son las que están contra todo lo bueno.
- Segunda. Almas en pena, son aquellas que no han logrado unirse a su Espíritu por un destino karmático pendiente, o lo que es lo mismo, por acciones negativas o inconclusas en vida.
- Tercera. Espíritus de Luz, (regidos por la Luz del Creador Divino), seres que en vida trataron de no romper las Leyes del Creador del Universo.

Para concluir, debemos tomar en cuenta que en la actualidad, a los fenómenos Espiritistas se les consideran como Parapsicológicos.

COMUNICACIÓN CON LOS FANTASMAS
Imágenes y Mensajes del Más Allá

Por Yohanan Díaz Vargas

La posible comunicación con el mundo de los espíritus, nos permite comprender que estamos en el principio de algo extraordinario, ya que este fenómeno puede llevarnos de nuestra realidad tridimensional actual a la de cuatro o quizá hasta a una multidimensional, pero, aunque esta comunicación ya se ha dado en hechos muy conocidos, como algunos de los mencionados en este libro, hasta el momento no pueden explicarse por medios convencionales o científicos y ante tal situación, el intelecto del ser humano debe ser humilde frente a las evidencias recabadas y continuar investigando hasta llegar a obtener una respuesta coherente, si es que la hay.

Psicokinesis, manipulación inconsciente, humanos desencarnados, habitantes de otras dimensiones, entes angelicales o extraterrestres, son algunas acciones de posibles seres que están interesados en mantener una comunicación del más allá con nuestro mundo físico, obligando a las fronteras de la parapsicología a extenderse a medida que surgen estos fenómenos. Por otro lado, el desarrollo tecnológico ha permitido la aparición de manifestaciones fantasmales que en otro tiempo hubieran resultado imposibles, ya que tanto voces como imágenes que no pertenecen a nuestro plano cotidiano, han sido recogidas por medio de aparatos electrónicos que antes no existían y que sin duda alguna han desconcertado a miles de personas en diferentes épocas y lugares.

TRANSCOMUNICACIÓN INSTRUMENTAL

Al posible contacto con seres del más allá a través de equipos técnicos se le denomina transcomunicación y abarca desde mensajes en programas de computadoras hasta extrañas llamadas telefónicas o avisos anómalos en contestadores automáticos, entre otros. Algunos científicos se empeñan en descalificar las evidencias obtenidas por diferentes investigadores en todo el mundo, de que existan voces, imágenes y comunicados de personas fallecidas y que quedan registradas en cintas de vídeo y audio, aunque no podemos negar que un buen número de éstas son productos de fraudes, sin embargo, este hecho no descalifica a todas las demás, muchas de las cuales no tienen una respuesta satisfactoria a su origen. El fenómeno de la transcomunicación nace con la psicofonía (sonidos provenientes de personas fallecidas ya sea a través de estaciones de radio o grabados en cinta electromagnética) y los primeros interesados en su investigación y divulgación son personas relacionadas directamente con el Vaticano.

PSICOFONÍAS

La utilización de la radio como canal espiritista tiene teóricos desde hace muchos años. En 1936, Sir Oliver Lodge, Presidente de la Sociedad Psíquica de Londres, predice el uso de este medio para comunicarse con los espíritus de los muertos, también Guillermo Marconi, inventor de la telegrafía sin hilos, asegura que la moderna tecnología va a proporcionarle al hombre las claves del Universo y según sus biógrafos, Marconi trabaja en forma secreta, hasta su muerte en 1937, en un invento para recoger voces del pasado e inclusive lograr grabar las palabras de Jesús en sus últimos momentos en la cruz.

Otro cerebro privilegiado, el de Thomas Alva Edison, inventor de la bombilla eléctrica y el fonógrafo (este último surge tras las investigaciones que realiza para ponerse en contacto con espíritus), también está interesado en los fenómenos espiritistas y convencido de la existencia de una frecuencia de radio entre las ondas larga y corta que permite entrar en contacto telepático con el mundo de los desencarnados. En una entrevista realizada por la revista *Scientific American* en 1920,

Edison asegura: *"Si la personalidad sigue existiendo después de lo que llamamos muerte, resulta razonable deducir que quienes abandonan la Tierra desearían comunicarse con las personas que han dejado aquí... ...Si pudiéramos crear un instrumento tan sensible como para ser afectado, movido, o manipulado por nuestra personalidad —tal como ésta sobrevive en la otra vida—, semejante instrumento, cuando dispongamos de él, tendría que registrar algo".*

La primera investigación rigurosa de psicofonías se realiza en el laboratorio de física de la Universidad del Sagrado Corazón de Milán, el 17 de septiembre de 1952, gracias a que el padre Gemelli registra una serie de voces en presencia de otro sacerdote, Pellegrino Ernetti, pero es Friedrich Jürgenson, considerado el padre de las psicofonías, quien se da a la tarea de darlas a conocer y es el responsable directo de que sean estudiadas como fenómeno paranormal. Jürgenson Nace en Odessa, Ucrania en 1903, dedicándose una época a la pintura y canto de ópera, también incursiona en el cine dedicándose a filmar documentales de animales y arte, tras una película realizada en Pompeya, obtiene permiso oficial para emprender nuevos reportajes de unas excavaciones arqueológicas que le brindan gran fama y posteriormente, obtiene del Vaticano el encargo de realizar un reportaje exclusivo sobre el origen de la Basílica de San Pedro en Roma.

El 12 de junio de 1959, Jürgenson, con el fin de registrar el canto del pájaro Pinzón Nocturno, adquiere un magnetofón para sonorizar uno de sus documentales, para tal fin, se traslada al bosque Mölnbo, en Estocolmo, Suecia, muy cerca de donde vive, coloca el magnetófono en el suelo y un micrófono direccional hacia los árboles, cuando registra el canto del ave, se marcha a su casa a escuchar la grabación pero queda estupefacto al comprobar que con toda claridad, registra un instrumento musical parecido a una trompeta y unos comentarios en lengua noruega a cerca de las aves nocturnas, él lamenta de no haber tenido el cuidado de observar si había gente por el lugar.

Tras repetir las grabaciones dos veces más, con todas las precauciones, obtiene los mismos resultados, unas voces que dialogan acerca de la grabación del canto de los pájaros, entre risas y alboroto y no sólo obtiene los sonidos anteriores, sino que puede escuchar claramente la voz de su difunta madre que le llama por el diminutivo: *Jurgi...Jurgi.. Mi pequeño Jurgi*, en ese momento se da cuenta de la importancia del fenómeno, ya que se está comunicando con algunos de los espíritus de los muertos, este extraordinario hecho provoca que se dedique a la investigación de psicofonías por el resto de sus días. Sin embargo, el tiempo transcurre y los mensajes son ahora burdos y cuando casi los abandona, en la última de sus grabaciones, escucha una frase que lo hace cambiar de decisión: *Espera...espera.. Escúchanos.*

Con nuevos bríos, Jürgenson se rodea de grandes y eficaces colaboradores que le ayudan a completar y a demostrar sus investigaciones, como el parapsicólogo y doctor Björkhem y Arne Weisse de Radio Suecia, quienes investigan arduamente el fenómeno, haciéndolo público en 1964 en el conocido libro de Jürgenson; *Voices From the Universe* (Voces del Universo). Jürgenson realiza diversos experimentos con diferentes equipos de parapsicología y consigue grabaciones increíbles, aunque su fiabilidad continua en entredicho, hasta que parte de sus grabaciones llegan al Instituto de Zonas Limítrofes de la Psicología y la Psicohigiene, de la universidad alemana de Friburgo, donde el director Hans Bender emprende por varios años, una larga serie de investigaciones que comienzan en el verano de 1964. Bender y su equipo de físicos, psicólogos e ingenieros de sonido, entre otros especialistas, someten tanto a Jürgenson como a los aparatos empleados en sus experimentos, a un prolongado y riguroso examen, así, los resultados son ampliamente satisfactorios y la realidad del fenómeno parece quedar plenamente demostrada. Tiempo después Jürgenson escribe otro libro sobre el tema, *Conversaciones por Radio con los Difuntos* y al morir, en 1987, deja miles de cintas de audio con las grabaciones de voces que, como siempre afirma, han sido emitidas por los espíritus.

A la par de estas investigaciones, a finales de 1964 el Dr. Konstantin Raudive hace su aparición casual en el mundo de las psicofonías, gracias a una experiencia similar a la de Jürgenson. Él nace en Letonia en 1909, estudia en París, Salamanca y Londres, es políglota y traductor de literatura al letón, es un famoso novelista y además un filósofo espiritualista. Un día al salir de su casa, sin darse cuenta deja un magnetofón grabando y cuando lo escucha, queda asombrado, ya que dentro del silencio de la cinta una voz lo llama por su nombre en diminutivo: *Kosti...Kosti*, él cree que es la voz de su madre muerta la que ha generado aquellas palabras, Raudive, queda profundamente consternado por el hecho y como ha escuchado hablar acerca de las investigaciones de Jürgenson, de inmediato lo invita para examinar sus grabaciones, así, comienzan una larga serie de experimentos en los cuales se desarrollan diversos sistemas para la obtención de voces paranormales. Konstantin, tras largas meditaciones sobre el fenómeno, diseña un aparato que denomina Goniómetro que estudia y utiliza junto con el doctor Alex Sheneider, especialista en electrónica de alta frecuencia y médico en Sankt Gallen (Suiza) y construido por Theodor Rudolph y Norbert Unger de la empresa Telefunken, para intentar conseguir más claridad y potencia en las grabaciones.

En 1968, Raudive publica el libro *Lo inaudible se vuelve audible* y tres años después, una importante editorial británica se interesa por sus trabajos y le propone editar su libro en inglés, sólo que antes deberá realizar una serie de experimentos acerca de las voces para que el prestigio de la editorial no se afecte y sobre todo, que tenga un soporte científico. De esta forma, el 24 de marzo se reúnen en Gerrard's (Buckinghamshire) bajo la supervisión de Pye Records, Ltd. dos técnicos de grabación, Ray Prickett y Keith Attwood. La compañía discográfica instala toda una serie de sistemas electrónicos para intentar captar falsas emisiones sonoras, así como de interferencias radiofónicas, detectores de ruido y todo un despliegue de material técnico, la audiencia está compuesta por el Dr. Raudive, Colin Smithe, Peter Bander y el Presidente de la compañía Colin Smithe, Sir Robert Mayer.

Los aparatos trabajan durante 18 minutos durante los cuales el supervisor de sonido Ray Prickett, puede comprobar que el detector de diodo no cesa de oscilar, a pesar de que la monitorización con auriculares no daba aparentemente ningún registro, pero lo grabado en la cinta es aun más sorprendente. Según los técnicos, se registran más de 200 voces diferentes, 27 de las cuales son perfectamente comprensibles por todos los asistentes, Sir Robert Mayer queda estupefacto al comprobar que se ha grabado la voz de su difunto amigo, Arthur Schnabel, famoso concertista de piano. Como resultado de las investigaciones la compañía Colin Smythe Ltd. acepta la publicación del libro, lamentablemente, el 2 de septiembre de 1974, Konstantin Raudive muere en su casa de Bad Krozingen, dejando un legado de más de 70,000 psicofónicas, pero no es todo, diez días después de su muerte, un investigador norteamericano conecta un magnetofón con un micrófono y todos pudieron escuchar claramente una voz que hacía alusión a otras técnicas de grabación, la voz es reconocida por todos como la del difunto Konstantin Raudive.

Por otro lado, los líderes de la Iglesia Católica siempre han condenado al espiritismo y a cualquier forma de contacto con el más allá, por lo que el padre Pellegrino Ernetti, durante una entrevista a la publicación *"Oggi"* el 29 de octubre de 1986, comenta sobre sus investigaciones psicofónicas realizadas más de treinta años atrás, tiempo en el que es impensable que la jerarquía vaticana dé a conocer púbicamente los resultados de sus experimentos, los cuales indican claramente la existencia de medios técnicos capaces de hacer realidad este tipo de contactos paranormales, es por esto que resulta sumamente esclarecedor que Jürgenson sea condecorado con la Cruz de Comendador de la Orden de san Gregorio Magno en 1969 por el Papa Paulo VI, cuando divulga que la comunicación con los espíritus de los muertos es factible por medio del magnetófono. En este contexto, un laico como Jürgenson resulta ser la persona ideal en quien delegar la responsabilidad de divulgar el fenómeno al resto del mundo, sin que la Iglesia Católica se vea comprometida por las reacciones que, sin lugar a dudas, provocará la noticia de la existencia de un posible diálogo con los difuntos, gracias a los nuevos avances de la técnica.

TÉCNICA DE GRABACIÓN

Es en la combinación de la radio con el sistema anteriormente expuesto, cuando Jürgenson comienza a realizar sus grabaciones de modo continuo, las mismas voces le ayudan a realizar sus experiencias con un receptor de Onda Media y también le mencionan cual es la frecuencia más apropiada para ello (1485 Kilohertz o kilociclos de la banda de A.M.) pero, no en todos los países se obtienen las mismas frecuencias "resonantes" y por supuesto esto actúa como un factor primordial.

Con un radio de Onda Media, ajustado en una frecuencia donde escuchemos un ruido inexpresivo que se produce cuando sintonizamos entre dos estaciones de radio, sin que se introduzca señal alguna de emisoras, el resultado se registra en la cinta del magnetofón, no se debe de elevar mucho el volumen del receptor, puesto que las voces se forman en el fondo de la grabación y podemos anularlas fácilmente. Muchos investigadores en la actualidad, conectan el receptor de O.M. a la entrada de línea de la grabadora y un micrófono de forma que se graben las preguntas formuladas por el investigador lo que es sumamente importante para la grabación de psicofonías son buenos aparatos electrónicos y mucha, mucha paciencia.

PSICOIMÁGENES

La posibilidad de que la gente tenga cámaras de video en sus hogares, ha permitido un gran giro a este fenómeno, ya que convierte en creíble la comunicación con los espíritus a través de medios tecnológicos. Las primeras psicoimágenes que se reciben, son en una pantalla de televisión en la localidad francesa de Aix-la Chapelle el 30 de septiembre de 1985, por Klaus Schreiber quien inicia sus experiencias guiado por la voz de su hija fallecida a los 19 años, la cual le indica cómo colocar los dispositivos para grabar el rostro de la difunta, esta labor ha sido continuada y sistematizada por Hans Otto König, quien afirma que ha recogido cientos de imágenes, entre las que aparecen no sólo familiares muertos, sino también rostros populares.

Sinesio Darnell, quien ha publicado dos libros, *Voces sin rostro* y *El misterio de la psicofonía*, establece tres tipos de psicoimágenes, a saber:

1. SUBLIMINALES: Imágenes captadas con obturadores de alta velocidad y luego pasadas por pantalla, imagen por imagen, o como en el cine, cuadro por cuadro.

2. CONDUCIDAS CON AUDIO: A la vez que se recoge la imagen se oyen los sonidos correspondientes y no es necesario rebobinar la cinta para escuchar.

3. ESPONTÁNEA: Se forma en los canales de Ultra Alta Frecuencia (UHF) cuando no hay señal de ningún canal aunque se requiere mucha paciencia para obtenerlas.

Los rostros obtenidos suelen ser de distintos tipos y morfologías, algunos tienen apariencia cien por ciento humana, con rasgos perfectamente definidos, otros obedecen a entidades que, a pesar de contar con los habituales rasgos faciales, no guardan relación con los de tipo humano, por analogía, pueden ser comparados con descripciones de supuestas entidades extraterrestres; cabeza enorme, ojos grandes, rasgados, redondos o almendrados, en muchas ocasiones se pueden distinguir perfectamente los párpados e incluso pestañas, nariz pequeña o casi inexistente, pómulos salientes y boca más o menos regular, sin labios o muy finos. Las expresiones de estas caras van desde una grave seriedad amenazadora hasta la risa, algunos rostros son deformes y grotescos y recuerdan el dibujo distorsionado de una caricatura por la desproporción de los rasgos.

En muchas de las imágenes captadas se observa lo que en parapsicología se ha dado en llamar efecto Bélmez, consistente en la formación, a partir de un elemento particular, como puede ser un ojo, una nariz, el perfil de un rostro o cualquier otro rasgo, de varios rostros u otras figuras, mezclándose unas con otras pero diferenciándose cada una de ellas del conjunto en general.

Los más importantes grupos de experimentación del mundo están integrados en la Internacional Network for Instrumental Transcommunication (INIT) presidida por Maggie Harsch-Fischbach, la más famosa experimentadora y contactista con presuntas entidades de otros planos existenciales. Ella asegura que ha conseguido el contacto bidireccional, es decir, registrar tanto en audio como en vídeo extensas conversaciones mantenidas con todo tipo de entidades, inclusive con personas fallecidas, conocidas pioneras en la experimentación instrumental, como Friedrich Jürgenson, Konstantin Raidive y el mismo Klaus Schreiber y con Thomas Alva Edison, Marie Curie y Albert Einstein entre otros, que constituyen grupos de experimentación desde los planos

COMUNICACIÓN CON LOS FANTASMAS 87

astrales, creando estaciones de transmisión que permiten la comunicación entre estos planos espirituales y las estaciones de experimentación terrestres.

La más conocida de estas estaciones es la bautizada por las supuestas entidades espirituales con el nombre de "Timestream" (afluente del tiempo) y según ellos, se han constituido seis estaciones más en los mundos astrales, que regularmente contactan con diferentes personas y grupos de experimentación terrestre. Esta supuesta estación está lidereada por Swejen Salter, una humanoide de un mundo paralelo al nuestro llamado "Varid", muere en su planeta natal en un accidente de laboratorio y su espíritu ha sido asignado con Rauvide y otros humanos terrestres que habitan en el mismo plano, para mantener contactos con las estaciones de este lado, existen otras entidades colaboradoras quienes afirman no ser humanas y que nunca encarnarán ya que pertenecen al tipo de entidades que nosotros denominamos ángeles.

Resulta interesante para usted, amigo lector, poder experimentar y obtener sus propios resultados con base a lo anteriormente expuesto, ser creador de sus propias evidencias y llegar a posibles conclusiones, por esta razón, a continuación proporcionamos una técnica fácil para conseguir psicoimágenes, se advierte que no siempre al primer intento resulta y puede que jamás lo logre, porque para su obtención no existen normas o patrones fijos para guiarse, ya que cada aparato requiere de ajustes concretos en sus controles y sobre todo, lo más importante, mucha paciencia y dedicación, dos factores que determinaran la calidad y resolución de los resultados que después podremos registrar en una cinta de vídeo para su análisis, el proceso de obtención es por medio de un televisor en blanco y negro aunque es posible captarlas también en una de color pero con la pantalla monocromática durante la grabación, desconectamos la antena aérea, cable o vía satélite en su caso y sintonizamos el televisor en un canal libre o sin señal.

Al igual que con las psicofonías, se debe utilizar un videocasete virgen; conectamos una videocámara a la televisión enfocando la pantalla de la misma, en un ángulo de 45 aproximadamente, con respecto a la parte frontal del televisor, de tal forma que la imagen que debe reproducirse en la pantalla del televisor debe ser el propio televisor y conseguir un efecto de retroalimentación continua hasta convertirse en un único punto luminoso. Separado un par de metros de la pantalla, se coloca la cámara en posición y se graban unos segundos, cada segundo tiene veinticuatro fotogramas y para estudiar este fenómeno, hay que analizar cada una de ellos, si encuentra una imagen que considere importante, tómele una fotografía para su posterior estudio.

PSICOIMÁGENES POR COMPUTADORA

Una nueva técnica entre la psicoimagen y la escritura automática ha surgido recientemente con la introducción de la computadora personal. De este tema comenta el padre Francois Brune, quien es políglota, conocedor de lenguas antiguas y modernas, licenciado en Teología y Sagrada Escritura, ordenado sacerdote en 1960 y desde hace mucho tiempo, investigador del más allá; Brune se refiere a los mensajes e imágenes que transmite la computadora y salen por la impresora, como le acontece al matrimonio Harsh-Fischbach, quienes han obtenido numerosas páginas con comunicados que se supone proceden de distintas entidades espirituales.

Otro caso investigado por el padre Brune, es el que le sucede a una secretaria de una empresa en la ciudad de Milán, Italia, a quién su jefe le pide que imprima cuatro ejemplares idénticos de una carta urgente, la secretaria corrige el texto en la computadora y lo envía a impresión, pero cuando revisa las copias, con gran sorpresa observa que las dos primeras impresiones corresponden con exactitud al texto redactado y corregido, pero no las dos últimas copias, en las cuales se cambió el nombre del destinatario y ahora se lee: *Para mis queridos padres* y junto al epígrafe "Motivo", alguien escribe: *Pedir perdón por el gesto desesperado hecho en su ausencia*, a continuación hay una firma con el nombre y apellidos de un joven cuyo suicidio acaba de ser noticia. Naturalmente, la secretaria sufre un gran susto y a partir de este hecho, ella contacta con la familia del suicida, sólo para saber que el joven tenía gran interés por la informática y a que pasaba muchas horas con su computadora, los padres, lejos de dudar de la secretaria, se sienten aliviados y consolados por el mensaje.

TELEFONEMAS DEL MÁS ALLÁ

Algunos investigadores, basados en estadísticas, afirman que las llamadas telefónicas del mundo de los espíritus, proceden con mayor frecuencia de padres o amigos, sin embargo, son raras las llamadas entre esposos, por lo que surge de nuevo la pregunta: ¿se trata realmente de comunicaciones con los espíritus de personas muertas?

Imagínese, amigo lector, que suena su teléfono y un buen amigo, a quien no ve desde hace tiempo, está al otro lado de la línea y le dice sólo una frase, *"Te extraño"* y corta la comunicación, intrigado usted llama a su casa y un familiar le comunica que dicho amigo falleció la noche anterior en un accidente, ¡da miedo, no!, pues este no es un caso aislado, las llamadas telefónicas de los espíritus son uno de los fenómenos de transcomunicación más insólitos y escasos (ya que la mayoría de las veces no se divulga por temor a ser considerado un demente), este es su principal obstáculo para llevar a cabo investigaciones y estudios para su difusión pública, a excepción del trabajo efectuado por los conocidos parapsicólogos Scott Rogo y Raymond Bayless, quienes lograron reunir setenta casos en un libro en el que describen las llamadas telefónicas del más allá.

Ellos mencionan que las llamadas: *Están dirigidas mentalmente por los muertos para comunicarse con nosotros... ... No podemos desechar la posibilidad de que algún otro tipo de ser parafísico o extradimensional, tal vez habitantes invisibles que cohabitan en la Tierra con nosotros o existen en algún universo paralelo, nos estén jugando una broma cósmica. Estos seres podrían estar dotados de ciertas capacidades pudiendo alterar nuestro sistema telefónico y simular las voces de los muertos.* Esta teoría está acorde con la desarrollada por algunos estudiosos de lo paranormal, como John Keel, Brad Steiger o Iván Sanderson, pero sigue siendo una hipótesis imposible de probar en laboratorio, por lo tanto, habrá que situarla en el terreno de las creencias.

Rogo y Bayless clasifican las llamadas telefónicas paranormales en tres tipos:

1. Evidentes de personas muertas. El testigo recibe una llamada breve del espíritu de una persona muerta y desconoce en ese momento que el que llama está muerto.

2. De intención. El testigo recibe por teléfono un mensaje urgente de un amigo o pariente, o incluso de un individuo desconocido, quien explica que hace la llamada por encargo del amigo o pariente. Más tarde el testigo se entera de que el amigo nunca hizo la llamada, aunque tuvo la firme intención de hacerla. Con frecuencia, la voz al teléfono imita a la perfección la de una persona viva. Sin embargo, algunos testigos han descrito esta voz como mecánica o de borracho, aunque esto es raro.

3. De respuesta. Rara vez, el testigo hace la llamada y mantiene una conversación con alguien que, según descubre tiempo después, está muerto.

Por otra parte, no hay un tiempo establecido tras el deceso para la manifestación del fenómeno ya que algunas llamadas se producen en las siguientes 24 horas al mismo, otras se reciben a la semana o al mes siguiente y por último, están las que se producen entre los dos y seis meses después de la muerte. Supuestamente, los espíritus suelen llamar para avisar a los vivos de peligros inminentes, para preguntar por el bienestar de la familia o, simplemente, para informar a los vivos de que ellos se encuentran bien. En algunos casos, las llamadas suelen tener lugar en días claves como aniversarios, cumpleaños, fiestas de Navidad, etcétera.

Si los espíritus de los muertos realmente utilizan medios electrónicos para comunicarse, en lugar de inducir en nosotros percepciones claras y audibles se debe, en opinión de Rogo, a que los instrumentos amplifican los efectos físicos débiles y no se necesita una sensibilidad especial para experimentar el contacto, es más, una ola de comunicaciones sobrenaturales a través de aparatos (fax, grabadoras, computadoras, radio, televisión) están teniendo lugar desde que se descubrió la electricidad, se dice por ejemplo, que en 1906, antes del terremoto de San Francisco, los operadores de telégrafos de todo Estados Unidos reciben cientos de telegramas fantasmas avisando de la inminente catástrofe, a lo cual nunca su pudo dar una respuesta satisfactoria.

MÉDIUMS

Desde el principio de los tiempos, existen historias que cuentan todas las antiguas religiones, acerca de los muertos que se comunican con los vivos de forma espontánea, a través de estados de trance y de sueño o por intermedio de videntes e iluminados a quienes el espiritismo ha dado el nombre de médiums, quienes son personas cuyas aparentes facultades extrasensoriales les permiten establecer un puente entre este y el mundo de los espíritus.

La mayoría de los médiums, afirman que todos tenemos la capacidad para hablar con seres desencarnados, el único requisito es que la desarrollemos por medio de la meditación, el ayuno y una vida ordenada. Tener sueños premonitorios, o experimentar visiones, son indicios de poseer dichas facultades, ahora bien, si la persona tiene desequilibrios nerviosos, lo más recomendable es que lo realice en presencia de un médium experimentado, porque es probable que su baja vibración energética atraiga espíritus oscuros.

El método menos complejo para invocarlos consiste en crear su imagen en la mente, que en cierto modo se parece a la plegaria y en épocas de necesidad o peligro, esas comunicaciones tienen gran éxito, lo cual demuestra cuán íntimamente relacionados están todos los fenómenos psíquicos con las emociones y las necesidades espirituales del individuo. Si por alguna razón usted visita a un médium, no le dé ningún dato personal y sólo así podrá comprobar si sus facultades son autenticas, por lo regular, los buenos médiums nunca solicitan ningún tipo de información al consultante.

ESCRITURA AUTOMÁTICA

Otro fenómeno que se desprende directamente de la mediumnidad es la escritura automática donde los espíritus se explayan a placer, llegando incluso a llenar cuartillas y cuartillas a velocidades increíbles. Se comenta que ciertos médiums son capaces de transmitir miles de palabras en pocos minutos, impulsados frenéticamente por una extraña actividad, lo cierto es que los mensajes de la escritura automática constituyen uno de los fenómenos más sorprendentes del psiquismo humano, tanto si atribuimos su redacción a la personalidad del sujeto que la recibe, como si nos inclinamos a creer en la posible existencia de energías inteligentes ajenas al mismo.

No existe otro método menos complicado y más rápido para captar los mensajes enviados desde el mundo de los espíritus, ya que únicamente se necesitan papel para apuntar el mensaje y un lápiz en la mano, la persona recurrirá a todos los medios para evitar concentrarse en el papel e incluso, olvidar su propia existencia, para lograrlo se lee, discute o piensa en cualquier cosa, hasta que, llegado el momento, la mano, completamente abandonada sobre la mesa, empieza a moverse por sí misma y el mensaje se escribe.

OUI-JA

La palabra Oui-ja significa SÍ en francés y alemán y con ello se alude a la primera palabra que suele aparecer en las sesiones cuando se pregunta: ¿Hay algún espíritu presente?, este supuesto juego inofensivo, se practica en Grecia desde hace 2500 años utilizando unos tableros muy parecidos a los actuales, Pitágoras y sus discípulos son quienes contactan con el mundo invisible y trascendente de los espíritus y por la misma época, en China, se emplean unos artilugios parecidos y con el mismo fin. Algunas crónicas fechadas tres siglos antes de Cristo nos informan de prácticas similares, a veces masivas, entre las clases altas del Imperio Romano y en la América prehispánica, donde los indígenas utilizan unos tableros especiales que llaman "Squdilact", para localizar personas desaparecidas, buscar objetos perdidos y para el ejercicio de algunos rituales religiosos.

El mayor auge de la Oui-ja se produce después de la Primera Guerra Mundial, ya que las familias de los muertos en los campos de batalla no se resignan a la pérdida de sus seres queridos y a como dé lugar quieren ponerse en contacto con ellos y empleando todos los medios a su alcance, como péndulos, mesas parlantes y sobre todo, la Oui-ja, que tiene la ventaja de ser muy sencilla, ya que se obtienen las respuestas con mayor claridad y rapidez.

Los espíritus pueden acudir a la mesa a cualquier hora, sin embargo, está comprobado que los primeros momentos de la mañana o los últimos de la tarde son bastante favorables y que la media noche es óptima, porque vivimos en un mundo de vibraciones y al igual que ocurre con las ondas de radio, las horas de mayor luminosidad crean interferencias. Cuando hay luna llena, las comunicaciones son más claras, inspiradas y emocionantes pero también resultan ser de lo más peligrosas, lo recomendable es adecuar el ritmo de las sesiones al movimiento creciente de la luna.

Sin embargo, lo más paradójico y anecdótico de todo este asunto es que muchas de las personas que tanto temen a la ouija y que tan mal concepto tienen de ella, no la han practicado nunca o, en todo caso, lo han hecho de forma muy superficial, por lo que no tienen suficientes elementos de juicio para poder opinar sobre ella, lo recomendable es que no sea practicada por niños, individuos que aún se encuentren en proceso de formación de su personalidad y por los que tengan miedo, ya que en estas condiciones, el mecanismo de autodefensa psíquica no está debidamente desarrollado y estas personas pueden ser fácilmente vulnerables. Las energías que entran en juego en el fenómeno, también tienen su parte negativa, así, cuando participan individuos incapaces de controlar sus emociones por situaciones de angustia, ansiedad, temor, confusión o inseguridad, (los niños por ejemplo), estas energías quedan descontroladas y pueden producir fenómenos de poltergeist asociados e integrados dentro de la propia sesión, como pueden ser desplazamientos de objetos próximos a los participantes y es bastante frecuente que el propio testigo utilizado en la sesión de ouija sea lanzado al aire y se estrelle contra la pared.

Por lo anterior, debemos saber que se dará un paso gigante en el estudio y comprensión de la fenomenología ouija, cuando se pueda contestar las preguntas: ¿Realmente se contacta con verdaderas entidades, como extraterrestres, intraterrestres, espíritus, etcétera? o por el contrario, ¿todo se reduce a una broma pesada de nuestra mente?

CONSECUENCIAS DE LA TRANSCOMUNICACIÓN

En 1889, el psicólogo francés Pierre Janet postula que existe una disociación de personalidad en los fenómenos espíritas, una especie de esquizofrenia, tal vez en la transcomunicación nos encontremos con un fenómeno parecido.

El mismo Jürgenson sufre trastornos mentales tras escuchar las primeras voces paranormales, ya que insistentes voces en su cerebro le dicen que debe continuar con las grabaciones o como ya vimos, el alemán Klaus Schreiber, descubridor de las psicoimágenes, comienza sus experiencias guiado por la voz de su hija fallecida a los 19 años, también Scott Rogo cuenta que los planos de muchos de los instrumentos usados son comunicados a través de médiums o psíquicos, en esta categoría podemos situar el teléfono psíquico de Melton, el cilindro y el dinamistógrafo de Matla, el detector de señales de Vandermuelen y otros tantos, inclusive experimentadores como Wilson y Wright reciben ideas para mejorar sus aparatos e inventos.

Para concluir, antes de llevar a cabo algún experimento, debemos tener firmemente el deseo de querer entrar en el mundo desconocido de los espíritus y plantearnos las preguntas necesarias a las cuales trataremos de dar respuesta, pero sobre todo, un profundo respeto, ya que al momento de entablar comunicación con entidades espirituales, no sabemos con quiénes estamos tratando y desconocemos que nos puedan hacer, se debe ser frío y serio, aunque de vez en cuando el humor es bien recibido por los espíritus, más cuando las voces son amigables y bondadosas, si por el contrario son groseras y duras, debemos hablarles bien y tranquilamente, ante todo, somos personas bien nacidas y decentes y ningún espíritu mal educado nos obligará a dejar de serlo.

MÉDIUMS Y CONTACTADOS

Por Carlos A. Guzmán R.

La comunicación con el más allá y en concreto con los espíritus de los muertos tiene su origen en todas las antiguas civilizaciones. En la cultura Azteca, existe la mitología de la muerte y de la supervivencia: *El mismo sincretismo ya observado aparece en las creencias de los aztecas respecto del otro mundo y sobre una vida nueva después de la muerte. El antiguo paraíso del dios de la lluvia, Tláloc, representado en los frescos de Teotihuacan, abría sus jardines a los que morían ahogados, fulminados por el rayo o de lepra, hidropesía, gota o afecciones pulmonares. Se suponía que este dios había provocado su muerte y enviado sus almas al paraíso.* (*El universo de los Aztecas*, Jacques Soustelle).

Existen también divisiones de espíritus, aquellos que suben a los cielos por haber muerto en el campo de batalla, en la piedra de los sacrificios y las mujeres que fallecen al dar a luz, convirtiéndose en "Mujeres Divinas", los demás muertos bajan a la morada de Mictlantecuhtli, el dios de la muerte con máscara de calavera. Los Aztecas creen que los guerreros muertos regresan a la vida en forma de colibrí y su concepto general de la vida y la muerte está fuera de cualquier consideración moral, ya que el objetivo de su vida es combatir y morir por sus dioses.

Para hablar de médiums tenemos que remontarnos al Espiritismo, el cual, en sus primeras manifestaciones, es el procedimiento de magia negra destinado a obtener respuestas de las almas fallecidas, por medio de una evocación. Para Max Sholten, el Espiritismo es una doctrina de origen primitivo, muy remoto, basado en la creencia arcaica del dualismo del cuerpo y alma, en la existencia de un tercer principio, llamado **ka** por los antiguos egipcios, "cuerpo astral" por lo teósofos o "Periespíritu" por los modernos espiritistas, como ya se han visto ampliamente a través de las páginas de esta obra.

En un enfoque moderno y de acuerdo a los sustentadores de esta doctrina, el espiritismo es la creencia de que a la muerte el ser humano ...*no pierde su identidad sino que, al contrario, al verse libre de la envoltura carnal, auténtico lastre para una vida ulterior más espiritual, vive mejor....* (*El Espiritismo*, Max Scholten). En conclusión los comienzos del espiritismo se remontan a los orígenes de las grandes civilizaciones, egipcia, griega, romana, azteca y maya, las cuales creen en la existencia de algo invisible después de la muerte.

COMUNICACIÓN CON LOS ESPÍRITUS

Basados en lo anterior, es decir, aceptando que más allá de la muerte existe la vida y que nuestro cuerpo físico solo se transforma y continuamos existiendo, los espiritistas aceptan la comunicación a través de médiums, sin embargo esto solo se logra por la intensidad del amor al ser querido.

Los canales de comunicación o médiums desarrollan la constitución psíquica que se necesita para tal efecto.

Los espiritistas afirman que existe una gran cantidad de espíritus inferiores clasificados como "espíritus vagabundos", también llamados "espíritus errantes", sin embargo, como todo tiene su dualidad existen "los espíritus elevados", porque sus intensiones se encaminan a ayudar, confortar e incluso a alegrar al ser en desgracia. Es frecuente que los espíritus aparezcan a los vivos, ya que la petición de plegarias le ayudarán a seguir su camino al "más allá".

Todo lo anterior, cobra mayor fuerza en la segunda mitad del siglo pasado, cuando se incrementa la creencia de que se puede establecer comunicación con los espíritus de los muertos. Como se ha apuntado, la fe en el sistema de creencia en la vida después de la muerte, se afianza con los espiritistas, quienes en muchas ocasiones surgen como una doctrina, aunque los científicos no han aceptado esta corriente debido a que las pruebas presentadas de las "sesiones espiritistas" se desmoronan por falta de objetividad, ya que se argumenta que esos fantasmas son creados por la mente humana, escrito en otras palabras... *los fenómenos aceptadamente genuinos del espiritismo pueden interpretarse según explicaciones que no presupongan la sobrevivencia ni la comunicación de los muertos...* (Visiones, Apariciones, Visitantes del Espacio, Un Estudio Comparativo del Enigma Ser).

Investigaciones llevadas a cabo en Estados Unidos, entre los años 1900 y 1930 concluyen que muchas apariciones que se realizan a través de los médiums son falsas, sin embargo otras no, para las cuales no hay explicación a esos fenómenos.

Para lograr la comunicación el médium entra en un trance, esto es, en un estado alterado de conciencia, los verdaderos médiums tienen extraordinarias dotes parapsicológicas que les ayudan a entrar al "Más Allá y en ocasiones, estos canales llegan a realizar materializaciones corpóreas o sólo aparecen partes de un cuerpo, dedos, un brazo o una cabeza.

EVOLUCIÓN
DE LOS CONTACTOS

Los años transcurren y se inicia el período de postguerra, en la década de los años cincuenta, estos contactos con seres "superiores", "divinos" o del "más allá", se incrementan nuevamente, pero esta vez no serán los espíritus de los muertos con quienes se trata de contactar, las comunicaciones se realizan ahora con seres extraterrestres que viene a marcar una nueva era en la psico-sociología de los seres humanos.

La mayoría de estos nuevos contactos tienen un enfoque mesiánico tanto en su contenido como en su forma, esta serie de contactos inicia en Estados Unidos y se propaga hacia otros países del orbe, en México, la era del "contactismo" se inicia con Salvador Villanueva Medina, pasando por un caso olvidado en la historia del contactismo mexicano, el de Antonio Apodaca, que por la temática del presente tema y por lo extenso del mismo, no podemos ocuparnos de él en estas líneas.

VARIANTES DEL CONTACTO

Con este subtítulo el investigador español Ignacio Cabria García, clasifica en su libro *Ufólogos, Creyentes y Contactados*, su perspectiva de estas variantes del contactismo y presenta una clasificación de formas de contacto, considerando la forma y el contenido de los mismos:

1. Por el lenguaje utilizado; hablado, de símbolos y/o escritura.

2. Por el medio o "canal" de recepción de la información; cartas, telepatía, habla, "escritura automática", etcétera.

3. Por el grado de comunicación o calidad de la información; desde mensajes simbólicos incoherentes hasta mensajes completos.

4. Por la naturaleza del mensaje; superficial, doctrinal espiritualista, apocalíptico, etcétera.

5. En caso del mensaje mesiánico, por el grado de estructuración y variabilidad de la doctrina revelada, (esta estructuración es mayor en el caso de doctrinas complejas).

Para este tema, el apartado 4 es el que nos interesa, ya que Ignacio Cabria tiende un puente entre los aspectos psicológicos y sociológicos de un fenómeno ancestral (señalado en el primer capítulo de esta obra), pero actualizándolo a la nueva forma de ser del hombre contemporáneo.

ACTUALIZACIÓN DE LAS COMUNICACIONES EN MÉXICO

Uno de los contactos clásicos en México de este fenómeno, es el caso de la señora Matilde Ariceaga de Fernández, quien en 1969, escribe un libro titulado *Mis primeros contactos telepáticos con seres extraterrestres*, del que destacamos lo siguiente: *"Era el día 4 de enero de 1965. Las primeras horas de la mañana; obvio es agregar que en las labores del hogar me ocupaba. Solamente que, acostumbrada a la meditación diaria aún dentro de las horas de trabajo cotidiano, no fue difícil por ello captar mentalmente La Voz del Silencio, o la Voz del Espíritu que me decía: 'En los primeros cuatro meses del año en curso, debes ir a determinado lugar en la Sierra Madre oriental para recibir instrucciones'. Sin vacilaciones de mi parte, comuniqué esto a otras personas afines a nuestros ideales, y se fijó la fecha para hacer el viaje en la primera semana de Abril. El viaje se llevó a cabo, y una vez en la sierra habían pasado tres días sin ninguna novedad. Por las noches nos dedicábamos a la Meditación antes de ir a descansar...''*

La historia continua cuando posteriormente se establece el contacto hablado, es decir, la "médium" ahora "contactada" es el canal por el cual se comunican los "informantes", afirmando estos que ¡proceden del planeta Marte! "Ellos" le afirman que la Tierra sufrirá una transformación ya que algunos lugares del mundo desaparecerán, que habrán temblores, posteriormente cambian su lugar de origen y ahora "aclaran" que provienen de los planetas Venus y Júpiter.

Como podemos observar, existe una relación directa entre los médiums del pasado y los "contactados" del presente. Quiero aclarar que los contactos que han tenido ambas corrientes, no se pueden separar y tampoco negar, ya que una es consecuencia de la otra y ambas han ofrecido casos para los cuales la ciencia no tiene explicación, donde lo lógico parece ilógico, lo sobrenatural es natural y lo anormal es normal. Por lo que reitero, antes médiums ahora contactados.

EN SU FAMILIA, ¿EXISTEN LOS FANTASMAS?

HISTORIAS VERDADERAS

Desde niños, la mayoría de los que hemos nacido en Latinoamérica y principalmente en México, hemos escuchado infinitas historias de fantasmas exquisitamente narradas por nuestros bisabuelos, abuelos, padres, tías, hermanos, amigos y compañeros ocasionales, ya que nuestra civilización se basa en el culto y respeto a los muertos y sus espíritus, en contraparte, festejamos alegre y burlonamente a la muerte, por ser inevitablemente verdadera.

Nos atrevemos a pensar que en todos los hogares de nuestro país y probablemente del mundo, se han contado y se siguen contando, historias de fantasmas y apariciones, independientemente de creer en ellos o no, por eso, a continuación, los que colaboramos en este libro, narramos nuestras historias de familia, referentes a hechos sobrenaturales, protagonizados por nuestros parientes o amigos muy cercanos y que, lo menos que podemos hacer, es transmitirlos íntegramente pero ya no como nos fueron legados, oralmente, sino dejando un testimonio escrito de ellos, para las personas y generaciones que deseen saber de ellas; las historias y de ellos, los fantasmas.

ESPÍRITU CHOCARRERO EN LA FAMILIA PEREZ FIGUEROA

Por Marco Antonio Gómez Pérez

En la calle de Alarcón número 4, en el Centro Histórico de la ciudad de México, allá por el año 1939, había una vecindad, entre muchas, que destacaba por un suceso de fantasmas que, quienes lo vivieron, no sólo no lo olvidan, sino que lo contarán a sus hijos y nietos, hasta nuestros días. Esa era la típica vecindad con un patio central enorme, escaleras anchas que comunicaban hacia los dos lados del primer piso y con departamentos alrededor del edificio; en la parte baja, al extremo derecho, estaban los lavaderos comunes y una toma de agua general que se utilizaba cuando faltaba el líquido en las viviendas, que era con regularidad. Las moradas eran muy grandes, ya que contaban con cinco o hasta seis recámaras, aunque la gente que las habitaba era de condición humilde, obreros, campesinos llegados de sus pueblos, panaderos, estudiantes, oficinistas, etcétera.

De entre todos ellos, destacaba una familia compuesta únicamente por seis mujeres; dos adultas, una de ellas, una tía soltera, de 50 años, quien poseía carácter fuerte y templado, ancha de cuerpo, piel curtida por el sol del campo, ella era conocida en el vecindario como la Tía Cruz, la otra mujer adulta, Vicentita, era de baja estatura, ojos claros, piel blanca y muy guapa, quien pasó de una infancia sin preocupaciones, a una adolescencia y adultez regida por la escasez de dinero, ella era madre de cuatro hijas con las que vivía: María Cristina de 9 años, Dolores de 7, Rosa María de 5 y Yolanda de 4; tenía 33 años y desde hacía tres meses era viuda, por lo que tenía que trabajar para sostener a la familia. Tanto la Tía Cruz como Vicentita llegaron del pueblo de Teloloapan, Guerrero.

Un día de noviembre de 1939, a las dos mujeres mayores les regalaron dos boletos para ir al teatro a la función de la noche, que empezaba a las 20:00 horas y como tenían temor de que alguna de sus hijas fuera víctima de algún abuso, las dejaron encerradas utilizando un candado que colocaban por fuera de la puerta de entrada. Las cuatro chiquillas jugaron hasta que se cansaron y cuando estaban a punto de dormirse, a las diez de la noche en punto, sonaron muy fuerte tres toquidos en la puerta, María Cristina la mayor, preguntó: *¿Quién?*, pero nadie contestó y así, cada 15 minutos, los tres toquidos se repetían incesantemente hasta en tres ocasiones; así, con coraje, más que temor, las niñas no podían dormir, en espera de que su madre y tía regresaran. Alrededor de la media noche, llegaron las mujeres y lo primero que escucharon fueron las quejas de las niñas, ellas pensaron que era una broma de los chamacos maldosos del departamento siete, los más latosos de la vecindad, pero decidieron esperar hasta que amaneciera para reclamarle a su madre, Teresa.

Cuando la Tía Cruz vio a Teresa, con toda amabilidad le reclamó los supuestos toquidos originados por sus hijos, pero ella, extrañada, no le creyó, ya que no salieron la noche anterior y menos a tan altas horas. Pasaron las horas y a las diez de la noche en punto, se escucharon nuevamente los toquidos, la Tía gritó algunas palabras fuertes para que dejaran de molestar, pero no fue suficiente, la puerta tenía en la parte inferior un espacio de cuatro centímetros, lo cual permitía ver las sombras de personas o animales, gracias a que se proyectaban por efecto de la farola que estaba enfrente de la vivienda y efectivamente, eso fue lo que vieron desde adentro, una sombra que pasaba como soldado en guardia, de un lado a otro de la puerta; al abrirla sorpresivamente para descubrir a los bromistas, la tía no vio nada ni a nadie, pero conservó la creencia de que los "maldosos chiquillos" se escondían para no ser descubiertos.

Pero pasaron quince días y no hubo nada que evitara que a las diez de la noche en punto, los tres fuertes toquidos rompieran el silencio de la vecindad, era tanto el alboroto entre los vecinos que algunos de los hombres rudos no se cansaban de decirles a las mujeres que eran unas chillonas, que esa noche se iban a quedar afuera y escondidos con la esperanza de descubrir al famoso bromista. Así, cuando en punto de las diez empezaron los toquidos, los vigilantes que estaban afuera no daban crédito a lo que escuchaban y veían, ya que no había nadie ni nada que produjera los sonidos y la sombras y lo único que descubrieron fue un intenso miedo, mismo que provocó que los "machos" salieran huyendo hacia sus departamentos y se encerraran a piedra y lodo; por su parte, las mujeres de adentro estaban espantadas, ya que aunque alcanzaban a abrir la puerta antes de que terminaran los tres toquidos, no había nadie afuera y sin embargo se seguían escuchando.

Al no cesar los toquidos en las siguientes seis semanas, la Tía Cruz y Vicentita fueron a buscar al párroco de la iglesia de Loreto, Padre Benjamín Paredes, a quien le platicaron lo sucedido y quien dispuso bendecir no sólo el departamento sino todo el vecindario, inclusive a persona por persona. Al dar las diez de la noche después de la bendición general y cuando se disponían a dormir ya con la tranquilidad de la bendición, los fuertes toquidos se volvieron a escuchar y tal parece que hasta con más fuerza, de nada servía gritar groserías al fantasma, dejarle papel y lápiz para que escribiera lo que quería, nada, el ruido no cesaba en lo más mínimo. Al día siguiente, la vecina Teresa les comentó a la Tía Cruz y a Vicentita de una señora que hacía limpias, pero no querían porque estaba prohibido por la religión católica, pero Teresa insistió, ya que ella misma platicó con el sacerdote Paredes y le dijo que cuando es para bien, no hay pecado alguno en consultar a ese tipo de personas.

Al llegar las dos mujeres con la hechicera, (si así se le puede llamar), le contaron lo sucedido y simplemente comentó: *¡Ah, ya se quién es!, no se preocupen, esto va a acabar, pero de todo lo que les pida, absolutamente todo, debe estar bendecido. Ténganme un bracero, carbón, un aventador, todo tipo de chiles, sal, pimienta, pólvora y un gis blanco, ¡no olviden nada!* Ya en el departamento y antes de las diez de la noche, la hechicera preparó todo lo necesario, pintó un círculo dentro y fuera de la habitación principal, abarcando la puerta de entrada y lo marcó con sal, encendió el carbón sobre el bracero, calentó los chiles, dejó en el piso la sal y la pólvora y el humo empezó a invadir todo el cuarto. Al empezar su ritual, la mujer hizo que todas las mujeres dieran vueltas alrededor del bracero pero sin salirse del círculo, rezó a Dios, a los Santos y a las Vírgenes con Ave María, La Magnífica, Padre Nuestro, etcétera, a cada vuelta aventaba un poco de pólvora, pimienta y chiles en el bracero ardiente, lo que producía pequeñas explosiones y mucho miedo a las seis mujeres que ahí vivían, quienes estaban aterradas y querían echarse a correr, pero no debían moverse fuera del círculo. A cada vuelta el humo era más intenso y espeso, con el aventador, la hechicera provocaba que saliera del departamento, una vuelta tras otra. Así pasaron varias horas, inclusive mucho tiempo después de las diez de la noche, pero como hubo mucho ruido, no supieron si hubieron los toquidos o no, al menos por esa noche, el cansancio y la experiencia vivida les provocó un sueño profundo.

La prueba fehaciente de si el espíritu chocarrero había sido expulsado después del ritual, empezó con una larga espera a la noche siguiente, las seis mujeres estaban muy nerviosas, sudorosas y temerosas; esperaban ansiosas las diez de la noche mirando insistentemente el único reloj que tenían, cuando este marcó la hora fatal... ¡no pasó absolutamente nada!, el fantasma se había ido y las damas, por fin, respiraron profundamente, agradeciendo a Dios y a la hechicera por ese "milagro" y por fin volvió la tranquilidad a ese hogar.

MÉTODO RÁPIDO PARA DEJAR DE BEBER EN LA FAMILIA PÉREZ PEREDA

En el año 1915, Luis Pérez Pereda tiene 30 años, es el típico joven "calavera" que se dedica a conquistar mujeres y a beber como si deseará acabar con todo el licor del mundo. Una noche, en un cabaretucho de barrio, después de ingerir grandes cantidades de alcohol y de bailar con cuanta mujer pueden, Luis y uno de sus amigos de parranda deciden irse a sus casa en un automóvil. En punto de las tres de la madrugada inician su recorrido en una calle oscura de la ciudad de México, cuando dos atractivas y esbeltas mujeres vestidas elegantemente de negro, les hacen señas para que detengan su vehículo, como esas oportunidades no las desaprovechan nunca, se estacionan para que las damas suban al automóvil, adentro, los cuatro hacen plática de situaciones intrascendentes en la medida en que los dos hombres van siendo más osados en sus comentarios y en sus acercamientos hacia las chicas, hasta que ellas los invitan a tomar unas copas de vino en su casa y a continuar con la "fiesta particular" que ya tienen en el auto.

Llegan a una residencia muy grande y elegante de la colonia Roma, en el Distrito Federal, al frente, hay un jardín con el pasto cuidadosamente cortado, con flores que, a pesar de la oscuridad, se aprecian en todo su esplendor y colorido, es más, llegan a percibir su hermoso perfume. La fachada es de tipo gótico, muy gariboleada, con una puerta de madera fina y con un cristal cortado como centro, ya que a los lados, sobresalen dos ventanales enormes del mismo material y trabajo que el de la puerta. Las dos parejas entran a una estancia muy grande, amueblada elegantemente cor sillones tipo Luis XV, el comedor es una mesa perfectamente pulida y barnizada del mismo estilo que los demás muebles de la casa, del fondo del comedor sobresale una vitrina casi totalmente de cristal, de la cual las damas seleccionan una botella de cognac y cuatro copas de cristal cortado que de tan finas parecen extraídas de una mina de diamantes, todo, absolutamente todo, parecen ser muebles y utensilios nuevos, esto lo pueden apreciar a pesar del alto grado de alcohol que han consumido.

Los dos "caballeros" pasan las horas bebiendo, bailando y disfrutando de tan agradable parranda, en compañía de las dos hermosas y extrañas mujeres. Antes de que el sol aparezca en el horizonte, Luis y su amigo se despiden de sus acompañantes casuales y concertan una cita para verse unas horas más tarde. Al estar solos, los dos hombres no pueden aceptar su "buena suerte" al encontrar dos hermosas mujeres, con dinero y de "jale" para la parranda, ahí mismo planean qué les van a decir a sus respectivas esposas, para engañarlas y no tener problemas para acudir a la cita con sus nuevas "conquistas".

Casi al anochecer, al llegar a la mansión, empiezan los problemas, ya que checan y ratifican si están en la dirección correcta y todo coincide, la calle, el número y la mansión enfrente de ellos, lo que ya no concuerda es el aspecto de abandono de la casa. Dispuestos a salir de dudas insisten en tocar la puerta, ya no solo con el timbre y una campana sino, enojados, a fuerza de puntapiés, hasta que una vecina sale de su casa a causa de tanto escándalo, con ella checan si la dirección que traen apuntada es la correcta y les contesta que sí y preguntan por las señoritas Elizabeth y Carmen, la vecina se les queda viendo como si Luis y su amigo acabaran de salir del manicomio y no tiene más remedio que decirles que, efectivamente, ahí **vivían** esa señoritas, pero hacía quince años que habían fallecido en un accidente automovilístico.

Ellos, incrédulos por lo que escuchan, insisten a la señora que habían estado con ellas la noche anterior, la vecina les dice que los herederos están vendiendo esa mansión y que ella tiene las llaves por si desean revisarla, aceptan los señores y al entrar, se dan cuenta que **sí** es la casa, únicamente que en un completo estado de soledad y abandono, van directamente al comedor donde estuvieron bebiendo con las damas y su sorpresa no tiene límite, ya que la escena que encuentran es exactamente la misma que dejaron apenas unas horas antes, donde todo está totalmente empolvado, **menos** las copas y las botellas de las que estuvieron bebiendo. El espanto y terror que sienten hace que sus rostros se pongan colorados para pasar inmediatamente al pálido y salir corriendo del lugar, dejando a la señora en total desconcierto.

A partir de esa fecha, tanto Luis como su amigo se volvieron los hombres más abstemios y fieles del mundo, ya que en su mente no pueden aceptar el que hayan estado, bebiendo, bailando, charlando y...quién sabe que otras cosas más, con dos mujeres muertas hacía quince años.

MORIBUNDO LLENO DE LUZ

Por *Francisco Domínguez*

Para aquellos que no están convencidos que somos energía, esto le sucede a un doctor que está cuidando a su suegro quien se encuentra en fase terminal. El médico está muy cansado, ya que lleva muchos días en una etapa de semivigilia, por lo que esa noche apaga la luz para descansar y dormir un poco, pero ¡oh sorpresa,! descubre que el cuarto del paciente está extrañamente iluminado, el doctor se pregunta, ¿quién prendió la luz?, al llegar al cuarto del enfermo, se da cuenta que aquella luminosidad proviene del cuerpo de su suegro, lo más sorprendente para el doctor, es que aquella luz parece absorber por decirlo de alguna forma, el cuerpo de aquel moribundo, en el momento en que el agonizante está a punto de morir, la luz se le concentra en un solo lugar y cuando esta se extingue también lo hace la persona.

Cuando el galeno me lo platica, me hace la siguiente observación: *Te lo narro a ti porque crees en estas cosas, pero quiero ser honesto, si alguien me lo hubiera platicado no lo hubiera creído, ahora sí lo creo porque yo fui testigo, como doctor que soy, de ese fenómeno.*

VOZ DE DESPEDIDA

Un día que una prima camina por el pasillo del colegio donde se encuentra internada, a su lado la acompaña una tía que es religiosa, de repente, la prima le dice: *Tía, escuche a mi tío que me llamaba,* la tía le dice,... *como crees, tú sabes que el se encuentra grave, fue solo tú imaginación,* sin embargo, al siguiente día les avisan que el tío ha fallecido y mi prima se sorprende al descubrir que cuando escuchó la voz de nuestro tío, fue justamente ¡a la hora en que falleció!

EL RELOJ DE LA MUERTE

Nuestro seres queridos actúan de una manera especial en el momento de la partida hacia ese lugar al que tarde que temprano vamos todos, a la aventura de un eterno existir, el ir a una dimensión diferente, morir para nacer eternamente.

Ese ser querido que se me adelantó en esa aventura es mi Papi, no sabemos como, pero toda la familia nos encontrábamos a su lado a la hora de su deceso, pero lo sorprendente de esto es que varios días después del fallecimiento, observamos el reloj de la casa y justamente, detuvo su movimiento a las 2:20 de la madrugada, el mismo instante en que mi Papá expiró, quién más si no él, fue el que detuvo el péndulo del reloj.

SILUETA DE HUMO

Por Yohanan Díaz Vargas

Todo comienza el segundo jueves de agosto de 1996, a la una de la tarde en la casa de la señora Esther Vargas, quien escucha llorar a un niño en forma desesperada, como si ya tuviera mucho tiempo de estar llorando, lo curioso es que en la casa no hay nadie que tenga niños pequeños, ya que ella vive en una vecindad junto a cinco familias más y al momento en que escucha el llanto, no se encuentra nadie allí. Ella busca por toda la casa el posible lugar de donde proviene el llanto tan extraño, pero sin resultado.

Al día siguiente, Esther escucha de nuevo al niño que llora desconsoladamente, esta vez el sonido proviene de su recamara, al entrar, su sorpresa es mayúscula al darse cuenta que no hay nadie en ese lugar pero ¡sí persiste el llanto!

Tiempo después, Esther está preparando la comida cuando voltea hacia donde se encuentra un sillón de la sala y observa la silueta de un niño como de humo (de cigarro) de color gris que la observa, ella se sobresalta y se tapa la cara, no puede ver del miedo, pero sobreponiéndose, ve otra vez hacía el mismo lugar pero ya no hay nada, la silueta ha desaparecido. La señora Vargas afirma que a partir de ese día es constante que se vea por toda la casa la silueta del niño, en la cama, a un lado del sillón, en la puerta del baño, cerca de la puerta de salida de la casa, lo curioso es que cuando lo ven no pueden observar si tiene manos, ojos, nariz o algún otro rasgo facial. Ella calcula que la estatura de esta silueta es mas o menos de un metro a un metro treinta centímetros y lo compara con un niño de cinco años.

En una ocasión, deja unas galletas en la mesa de la cocina porque olvida guardarlas, al día siguiente observa que las galletas están mordidas y nota que están bien delineados los dientes, ella piensa que se trata de ratas, pero hubieran dejado algún rastro o encontrado desperdicios de este animal, pero no es así, la mordida es como de un niño muy pequeño y a partir de ese día, este hecho se repite constantemente.

Una de las veces en que la aparición le da coraje a Esther en vez de miedo, es cuando termina de planchar y de acomodar la ropa en un viejo ropero, tras lo cual sale de compras. Ella se segura de cerrar con llave su casa, pero cuando regresa, encuentra la ropa en el suelo y piensa que no se cayó porque está como si hubieran metido las manos con cuidado para sacarla y acomodarla en el piso. La ropa (camisas y pantalones) que encuentra en el suelo son únicamente las de su hijo Moisés y descubre que en el ropero hay un hueco entre la ropa como si alguien hubiera salido o entrado del ropero.

Los acontecimientos no paran ahí y una noche, cuando se disponen a dormir, Esther siente la presencia de este ser que está a un lado de la cama, muy cerca de sus pies, se da cuenta de su presencia porque siente que le toca la rodilla derecha, se levanta y ve que este ser se dirige hacia la puerta, ella lo sigue y cuando llega a la salida del cuarto, desaparece. Al día siguiente, nota que tiene marcados unos dedos en la rodilla y siente un fuerte dolor en la misma que le dura por el resto del día, es la primera vez que padece esos dolores.

Sin embargo, estos sucesos no son nuevos, desde tiempo atrás, cuando vivía la señora Angela Velázquez, madre de Esther, constantemente comenta que ve a un niño vestido de color blanco que pasa corriendo, es más, en una ocasión que está comiendo toda la familia, la señora Velázquez grita que agarren al niño porque se va a caer, todos se sorprenden porque nadie ve al pequeño, por lo que se levantan para cerciorarse, pero la búsqueda es infructuosa y la madre de Esther está muy molesta *porque si le pasa algo a ese niño, ustedes serán los culpables*, los demás miembros de la familia piensan que estas "visiones" son provocadas por la medicina que está tomando. Ahora, la opinión de Esther es de que *este niño tal vez sea el mismo que veía mi mamá desde hace mas de cinco años y que en aquella ocasión nadie le creyó*.

Por si fuera poco, Moisés, hijo de Esther, también asegura que ha observado al fantasma de humo, sólo que nada más por las noches; lo describe como un niño vestido de color blanco que constantemente esta a un lado de él, cuando ve televisión, escucha música o realiza alguna actividad en la cual tenga que estar hasta altas horas de la noche, siempre lo siente junto a su lado izquierdo, nunca de frente, ni a la derecha.

En otras ocasiones comenta que está realizando alguna actividad con recortes de revistas o periódicos y de nuevo siente la mirada, después la presencia y "sorpresa", este ser está a su lado. Moisés asegura que no le da miedo porque ya se acostumbró a su presencia y asegura que este fantasma tiene curiosidad por lo que está haciendo, sólo que ya está cansado de que no se comunica con nadie. Un día, Moisés le dice en broma que se siente y le ayude a terminar, que le dé ideas en lo que está haciendo, de repente, ve claramente como la silla recorre sola el piso y se hunde el asiento, por lo que Moisés se pone nervioso, no cree lo que ve, piensa que todo es producto de su imaginación y que está sugestionado, quiere salir corriendo pero siente algo especial, como que le aconsejan que se tranquilice, que no tenga miedo, y como por arte de magia, le empiezan a llegar ideas como si alguien le aconsejará lo que tiene que hacer.

Lo sorprendente de este caso es cómo una supuesta silueta de humo con forma de niño puede hacer tantas travesuras en una casa y sobre todo, en una familia que no está relacionada con el esoterismo y que no cree en nada de este tipo de cosas y sin embargo, están involucrados en esta silueta de humo.

ÚLTIMO ADIÓS DE LA ABUELITA

Por Carlos A. Guzmán

La siguiente historia verdadera, le acontece al hijo de uno de los coautores de esta obra, cuando fallece su bisabuela materna. Los hechos son los siguientes: la bisabuelita está internada en un hospital a consecuencia de una caída, su bisnieto, entonces de 3 años de edad, no conoce la gravedad del estado de su bisabuela, quien muere un jueves después del medio día, a los 97 años.

Esa tarde, el bisnieto acompaña a su mamá a una dependencia del sector salud para recoger su sueldo, cuando de repente, el niño le dice a la señora: *Mamá, mamá, ¡acabo de ver a mi abuelita al final de este pasillo!,* como la mamá va de prisa, no presta atención al pequeño, ella ignora que la ancianita ya falleció, pero si sabe que es imposible que esté en ese lugar con ellos, ya que sabe que está internada en un hospital privado y en otra parte de la ciudad.

Sin embargo, horas más tarde se enteran que, en el momento en que el pequeño dijo haber visto a su bisabuela, ella fallecía.

Esta historia se une a la gran serie de acontecimientos donde el ser que se "va" visita a aquellos seres que, por cariño o inocencia, pueden percibir al ser que ya abandonó su cuerpo físico y que se "despide de ellos y son principalmente los niños, las personas que más posibilidades tienen de establecer este tipo de hechos sobrenaturales, sin embargo este "don" se pierde con la edad adulta en la mayoría de las ocasiones.

AMIGO REAL PERO INVISIBLE

En una ocasión en que el hijo de tres años de una prima del mismo co-autor, Mary, está jugando con un "amiguito" invisible, en muchas ocasiones su mamá lo ha escuchado platicar "solo", bajo "nuestra" percepción de que no había ninguna persona que físicamente platicará con su hijo. No le presta importancia, ya que siendo su segundo vástago, piensa que tal como había acontecido con el primero y por la naturaleza de los niños de jugar solos, es un hecho natural platicar con muñecos y juguetes.

Paralelamente a esta situación, en la casa que habitan, en ocasiones las luces se encienden solas cuando alguien entra en alguna habitación y al salir, la luz eléctrica se apaga sin razón alguna, esto le pasa muchas veces a Mary, pero lo más sorprendente es cuando, un día en que su hijo está jugando con su amigo "invisible", ella entra al cuarto del niño y se queda petrificada cuando su lógica le dice que no puede ser cierto lo que ve, uno de los juguetes de su hijo ¡se sostiene en el aire, sin nada ni nadie que aparentemente lo detenga! y el pequeño, a su vez, sostiene otro juguete, sorprendida y para no interrumpir su juego y espantarlo, opta por salir y cerrar la puerta.

Los juegos de su hijo con su amigo "invisible" van disminuyendo conforme el niño crece hasta que desaparecen en la adolescencia.

TRIPULACIÓN FANTASMA

Alfonso Salazar es técnico en aviación y aún no se explica que fue lo que vivió después de un fatal accidente aéreo: *En 1967 un avión Boing 727-100 de Mexicana de Aviación, sufre un desplome en la zona norte del aeropuerto internacional de la ciudad de México y mueren la tripulación y algunos pasajeros. Días después esta tripulación es vista entrando a otros aviones de la misma empresa. En una de esas ocasiones, cierto grupo de pasajeros esperan la llegada de la tripulación para proceder a abordar el avión, esta llega, sin embargo, minutos después aparece otra tripulación, hay confusión porque no pueden haber dos tripulaciones para un mismo vuelo, la segunda busca a la primera en la cabina y el interior del avión, pero ¡no encuentran a nadie!.*

Es una tripulación que aún continúa trabajando responsablemente.

EL SACERDOTE QUE BURLÓ A LA MUERTE

Por Marco Antonio Gómez Pérez

Es la una de la madrugada del 23 de agosto de 1989 y la lluvia cae incesantemente en un hospital del Instituto Mexicano del Seguro Social de la ciudad de Puebla, México, la señora Karen López, de 73 años, sufre de terribles dolores en el vientre y estómago causados por células cancerosas que han invadido ese órgano, los fuertes medicamentos, drogas, ya no surten efecto alguno y sus angustiados familiares saben que sus minutos de vida están contados; segundo a segundo los desgarradores gritos de Karen invaden todos los pisos que ocupa el hospital.

Una de sus hijas, Estela, desesperada por tanto sufrimiento de su madre, da vueltas en el cuarto del hospital llorando, tratando de buscar una solución que termine con el dolor de la señora López. En un momento en que el padecimiento proporciona unos segundos de calma, la paciente solicita a su hija que le consiga un sacerdote, ya que ella sabe que no verá la luz del sol nuevamente. Estela habla con una de las enfermeras para que le faciliten el teléfono de alguno de los muchos templos católicos que hay en la ciudad de Puebla, ya que no desea separarse de su mamá y a esa hora de la madrugada no hay nadie que pueda ayudarla yendo por el sacerdote.

Al tener el número telefónico marca y después de escuchar con exasperación como repiquetea el aparato de comunicación sin que nadie atienda a su llamada, de repente, escucha que al otro lado de la línea alguien descuelga el teléfono y una voz francamente molesta casi grita al contestar:

—¡Bueno!

—Señor, ¿es usted sacerdote?, ¡contésteme rápido por favor!

Y la voz todavía adormilada del religioso dice pausadamente:

—Bueeeno sííí, soy sacerdote.

—¡Entonces tiene que venir pronto al hospital del Seguro, mi madre se muere y quiere confesarse!

—¿Ahorita?, ¿con este aguacero y a esta hora?

—¡Sí señor cura, mi madre quiere confesarse para dejar de sufrir, pues ya no soporta los terribles dolores que le causa el cáncer!

—¿No puede esperar a que amanezca y deje de llover?

Y ya desesperada, Estela grita:

—¡Por supuesto que no!, ¡los doctores dicen que de un momento a otro morirá!

—Pues lo siento mucho pero no puedo ir al hospital, desde aquí rezaré por ella para que Dios perdone sus pecados y pueda morir en paz.

En ese momento, Estela escucha como el sacerdote corta la comunicación y ella desesperada y sin poder creer lo que acaba de vivir, se queda con el auricular en la mano, cuando está a punto de aventarlo, alcanza a escuchar una voz al otro lado de la línea telefónica.

—¿Sí, bueno, hija, me escuchas?

Estela, aún sorprendida porque la voz no es la misma, contesta:

—Sí, ¿quién habla?

—¡A que bueno que no colgaste, hija! Mira, yo soy el padre Guerra, de la iglesia que está atrás del hospital, por casualidad escuché tu llamada, ya que se cruzaron las líneas y me di cuenta de todo, si tú quieres yo puedo ir ahora mismo al hospital a darle los santos óleos a tu mamá para que deje de sufrir y empiece a gozar de la compañía de nuestro Señor Jesucristo.

Con la voz llena de esperanza, ella contesta:

—¡Claro que quiero, Padre! Lo espero en la puerta de entrada al hospital para llevarlo directamente hasta donde está mi mamá. Dios quiera que todavía estemos a tiempo.

—Lo estamos, hija, lo estamos, créeme.

Así, Estela llega corriendo hasta la puerta principal del hospital y se asoma impaciente hacía afuera para estar atenta para cuando llegue el sacerdote. Mientras tanto, piensa en que Dios no las ha abandonado, ya que fue la mano de Él la que intervino para que el otro padre escuchará la solicitud.

Así, al cabo de tres minutos, la típica figura de un sacerdote llega a la entrada, vestido con un abrigo largo y grueso pero destacando sobre manera su pasacuello; la blancura de ese diminuto aditamento brilla mucho más que los que ella ha visto, sin darle importancia a este detalle Estela de inmediato abre la puerta para que pase el religioso y no siga mojándose. Al mismo instante en que se presentan mutuamente, se dirigen hasta la cama de Karen, quien al verlos llegar deja de sentir su enorme dolor y toma al padre Guerra de la mano, solicitándole que la escuche en confesión, él accede y solicita a la hija que los dejen solos. Estela, un poco más tranquila y mientras bebe un poco de café tibio, espera a que terminen. Después de casi quince minutos, sale el sacerdote para pedirle a Estela que pase a ver a su madre porque quiere "despedirse" de ella, así lo hace, se abrazan madre e hija sin que la cálida y tranquila vista del sacerdote pierda detalle de tan conmovedora escena... en ese momento, Karen deja de existir.

Estela tarda mucho tiempo en dejar de abrazar el cuerpo sin vida de su madre, hasta que un doctor y una enfermera la separan, entonces ella se dirige al sacerdote para darle las gracias.

—¡No sé como pagarle lo que hizo por mi mamá, por fin dejó de sufrir!

—Hija, yo soy quien te agradece que me hayas permitido auxiliar espiritualmente a tu mamá en sus últimos momentos de vida.

—No diga eso, padre, estoy segura que mi mamá no podía morir porque quería y necesitaba la presencia de algún ministro de la iglesia.

—Así es, hija, por algo Dios me permitió escuchar tu desesperada conversación, Él me eligió para que viniera en su auxilio.

—Muchas gracias por todo padre Guerra, mañana después del entierro paso a verlo a su parroquia, ¿dónde me dijo que está?

—Aquí atrás del hospital, hija.

—Pues nuevamente muchas gracias y que Dios lo bendiga.

Efectivamente, Estela, después de sepultar los restos mortales de su madre, se dirige a la parroquia, llega a la entrada principal del hospital, lo rodea y al llegar al solitario templo se dirige a un sacerdote que está orando en esos momentos.

— Disculpe, padre, ¿se encuentra el padre Guerra?

Y el ministro voltea a ver a Estela con cara de asombro.

—Perdóname hija, no te entendí, ¿por quién preguntaste?

—El padre Guerra.

—¿Estás segura?

—Sí, por supuesto, ayer él le dio los santos óleos a mi mamá antes de morir.

—¿De verdad? Mira hija, siéntate y cuéntamelo todo.

Y así, después de 20 minutos, Estela explica con detalle al sacerdote lo sucedido la noche anterior y con una ligera sonrisa de complicidad, exclama el padre:

—Hija, de acuerdo como me lo describes, cómo es, su forma de hablar y su sonrisa complaciente de que nunca se enoja por nada, efectivamente, se trata del padre Guerra, sólo que él tiene varios años de haber fallecido y por lo que veo, no ha dejado de cumplir con sus deberes espirituales ni después de muerto, lo que es de lamentar es que el que está vivo y al que acudiste primero no haya querido atender tu llamada, pero lo que sí puedo decirte con seguridad es que tú y tu mamá son seres afortunados, ya que el padre Guerra fue y es muy querido por todos los que lo conocimos, ya que nunca se negó a dar una mano amiga dispuesta al consuelo de los que sufren: ¡Alabado sea el Señor!

UNA MANO PELUDA MAÑOSA
Por Marco Antonio Gómez Pérez

Aquel atardecer de octubre de 1965, los hermanos Mario y Miguel Gómez de 16 y 19 años respectivamente, están agotados físicamente, por lo que deciden descansar a pesar de ser apenas las 19:30 horas y de que sus padres y 5 hermanos no están en la casa, bueno si a eso se le puede llamar casa, ya que en realidad viven en una cochera de la calle de Alhambra No. 728 colonia Portales, en la ciudad de México, ya que la situación económica no es buena y vivir en una cochera en desuso les proporciona un lugar digno donde vivir a los ¡siete integrantes de la familia!

Los dueños de la casa la compraron a un precio muy bajo a sus antiguos dueños y como no tienen automóvil, consideran conveniente rentar la cochera, que es grande, unos 10 metros de largo por 5 de ancho, ya que es un dinero extra que no está de más.

En fin, los hermanos Miguel y Mario están a punto de quedarse dormidos, Mario, el mayor, está en la parte alta de unas camas literas que están casi al fondo de la cochera y es tanto su cansancio que no le importa saber dónde se queda su hermano Miguel, a esa hora ya no hay luz solar y para evitarse molestias no encienden ninguna luz, transcurren escasos cinco minutos cuando Mario empieza a sentir que una mano y un largo brazo sale de la parte baja de la litera, por la parte que está pegada a la pared y comienza a recorrer su cuerpo el cual está boca abajo, curiosamente, la mano se queda más tiempo en la región de los glúteos, Mario, enojado, grita:

—¡Pinche Miguel, deja de estarme molestando o te rompo el hocico!

Al mismo tiempo que habla se voltea hacía el lado de la pared y alcanza a ver como el brazo se baja rápidamente, pero lo raro es que hay mucho silencio y no obtiene, cuando menos, una leperada como respuesta de su hermano; no le da importancia e intenta volver a dormir y otra vez la mano empieza con su mañosa incursión, Mario no hace caso y se va hasta la orilla de la litera para que no lo alcance el brazo, pero es inútil, la mano continúa su recorrido.

Después de varios intentos para que lo dejen de molestar, Mario, sumamente irritado se arrodilla sobre la litera y toma la mano para jalarla, lo consigue, pero lo extraño es que la siente muy fuerte, musculosa, con mucho bello en la mano y el brazo; a su vez, el brazo lo jala a él con más fuerza provocándole que se estrelle en la cama. Con muchas ganas de pelear con su hermano Miguel baja de la litera y enciende la luz para reclamar que lo deje dormir, pero grande es su sorpresa cuando se asoma a la litera de abajo y ¡no ve a nadie!, espantado, Mario recorre con la vista el lugar y descubre a su hermano Miguel durmiendo en la cama de sus padres que está casi a la entrada de la cochera y está ¡hasta roncando!, se acerca a él y le dice:

—¡Miguel, Miguel, no seas payaso y deja de hacerte el dormido!

Lo que descubre es que su hermano ¡realmente está dormido! y le cuesta mucho trabajo despertarlo y una vez que lo consigue es cuestionado por Miguel:

—¿Qué te pasa, estás loco?

—¡No cab..., no estoy loco, estoy espantado!

— No friegues, ¿quién te espantó?, ha de ser tu cochina conciencia, mejor déjame dormir tranquilo.

Pero Mario no lo deja hasta que le cuenta lo que le pasó y para cuando termina de platicarlo, los dos salen como flechas a la calle, dejando la puerta abierta, sentándose en la guarnición de la banqueta de enfrente de la cochera a esperar a que lleguen los demás integrantes de la familia.

Al llegar los padres y demás hermanos, ven a Mario y Miguel aún temblando y les narran lo acontecido y, por supuesto, negándose a regresar a dormir. El padre, también de nombre Mario Gómez entra con dos de los hermanos mayores a revisar pero no encuentran nada, el brazo con la mano peluda ya no está.

Días después, los padres de Mario y Miguel, al platicar ese extraño hecho con el dueño de la casa, este les comenta que pudieron comprar la propiedad muy barata porque nadie quería vivir allí, ya que había ocurrido una tragedia familiar con los antiguos dueños, pues el señor, en cierta ocasión en que regresaba temprano a su casa, encontró a su esposa con su amante y en un arranque de celos y locura acabó con la vida de su esposa, a tal grado que la descuartizó y regó pedazos del cuerpo de la infortunada señora por toda la casa, en una escena de sangre, lujuria, éxtasis y locura, y sólo hasta que vio saciados sus instintos de venganza se sentó en la parte baja de las escaleras y ahí, a partir de ese momento, el señor se perdió en su inconsciente y nunca más se volvió a saber nada de él.

Desde ese momento, empezaron a ocurrir hechos sobrenaturales en toda la casa, el aquí narrado, es sólo uno de ellos.

NO CABE DUDA, SOMOS LUZ
"ELLOS TAMBIÉN SE DESPIDEN"

Por Francisco Dominguez

Una amiga enfermera se encuentra en el hospital donde presta sus servicios preparando y acomodando algunos utensilios como vendas, jeringas y medicinas, en ese momento ve que se asoma uno de sus compañeros y le dice:

—Carmen, ¿puedo platicar contigo un momento?

—Claro que si Juanito, faltaba más.

A Carmen se le hace raro ver a su compañero y amigo en el hospital, ya que sabe que Juan tiene permiso de faltar en esos días, por eso ella le pregunta:

—¿Qué andas haciendo por acá?

—¿Sabes?, es que vengo a despedirme de ti.

—¿Qué qué, a despedirte de mí?, ¿no me digas que tuviste problemas en el trabajo o vas a renunciar?

—No, mira Carmen es que jamás nos volveremos a ver, tú has sido una buena persona y mejor amiga para conmigo y por eso quiero venir a agradecer tu amistad, tus atenciones, tu cariño. ¿Sabes?, es que ya no habrá otra oportunidad para platicar, esa razón la sabrás después y comprenderás por qué vengo a despedirme ahora.

Carmen insiste:

—¿Qué te pasa Juan?, no entiendo, explícame tu situación, ¿cómo puedo ayudarte?

—Sólo puedo decirte que me retiro y por favor, ...recuerda lo mucho que te estimo.

Y sin dar tiempo a más preguntas, Juan sale al corredor del hospital y en los pocos segundos en que la enfermera sale también al pasillo, ya no ve al amigo, y aunque se pregunta cómo le hizo él para correr tan rápido, no le da mucha importancia.

Al día siguiente, sus compañeros de trabajo le reclaman a Carmela:

—Te estuvimos esperando en la capilla de la agencia funeraria.

—¿En dónde...?, y ¿para qué?

—Para que estuviéramos todos juntos acompañando por última vez a Juan.

Extrañada, Carmela reclama:

—¿De qué me hablan?, no los entiendo.

—Creímos que íbamos a contar con tu presencia en esos momentos tan difíciles para todos aquellos que hemos perdido a un gran amigo y compañero ejemplar como lo fue Juan.

Carmela, de manera enérgica, reclama:

—¡No sean sangrones, con la muerte no se juega, ya déjense de bromas!

—¡No es ninguna broma!

—¡Oigan esperen, no entiendo nada, ¿entonces sí murió Juanito?

—¡Lamentablemente, es cierto!

—¿Y a qué hora fue?, ¡yo todavía lo vi anoche en el hospital!

Y para sorpresa de todos, pero principalmente de Carmela, fue justamente en el instante en que Juan se estaba despidiendo de ella en el hospital.

Este hecho me lo comentó la enfermera que fue protagonista de esta historia.

FANTASMAS CON PENDIENTES EN ESTA VIDA

Por Francisco Domínguez

Tengo la firme convicción de que si no todos, por lo menos la mayoría de nosotros hemos leído historias de seres del más allá que se hacen presentes en esta vida. Nos es difícil creerlo, pero cuando esto le acontece a una persona y el resto de su familia ¡son testigos de las consecuencias de esa experiencia!, entonces resulta difícil negarse a esa realidad. Pues bien, usted, amable lector, sabrá por qué inicio el relato con estos argumentos.

En un municipio del estado de Zacatecas, allá por el año 1928, en la casa de un familiar muy cercano, todas las noches a una hora determinada se ve un *monje o sacerdote que sale de la cocina y entra al comedor,* según comenta mi familiar, ese ser no camina *más bien flota, levita* y francamente le molesta la presencia de ese SER, tanto así que en varias ocasiones lo enfrenta para decirle que ya deje de molestarlos con su presencia, que su vida ya no es de este mundo, inclusive, llega a insultar a esa alma en pena, ¿la razón?, ya estaba fastidiado de que todas las noches sucediera lo mismo, hasta que toma la decisión de hablar con el párroco de ese lugar para ver qué puede hacer para acabar, de ser posible, con esa aparición fantasmal.

El sacerdote comprende y cree en lo que le platica José mi pariente y accede ir a observar lo que acontece noche tras noche.

Al día siguiente, el sacerdote llega acompañado por el sacristán de la iglesia para que le ayude en lo que sea necesario. A la media noche, el religioso ya está preparado, con su estola puesta sobre su cuello *enciende una* vela bendita y en ese momento comienza a rezar; efectivamente a la hora indicada aquel SER se hace presente, sale de la cocina, camina por la parte lateral de un patio angosto y se introduce, como es su costumbre, al comedor.

En ese instante, el sacerdote pide que nadie lo acompañe, camina hacia el comedor y *todos los demás lo observamos desde lejos muy espantados, porque los allí presentes vimos aquella escena que era real, fuimos testigos de que el MONJE aquel verdaderamente flota, en una palabra, escapa a la realidad de este mundo.* En su trayecto hacia su encuentro con el fantasma, el sacerdote va pronunciando oraciones y aventando agua bendita, todos ven como entra al comedor, después de unos minutos, el padre sale y se encamina lentamente hacia las personas allí presentes; *el aspecto del Sacerdote es impresionante, se nota completamente descolorido, en ese momento se dirige a mí de una manera particular por ser el dueño de la casa y me dice:*

—El SER aquel me ha comunicado *"que en el comedor se encuentran enterradas reliquias religiosas"*, y te pide de favor que si puedes excavar.

Para comprobar si es cierto lo comunicado por aquella Alma en Pena, José le dice al sacerdote que disponga de la casa, porque él ya no la seguirá habitando.

Efectivamente, como la esposa y los hijos de José son testigos de todo lo acontecido, al día siguiente de la visita del párroco para hablar con aquella Alma en Pena, se cambian de casa.

Días después fueron a levantar el piso del comedor y cuál va siendo nuestra sorpresa, lo dicho por aquella alma aparecida, resultó cierto, encontramos en ese lugar lo indicado por el MONJE APARECIDO.

Lamentablemente, el sacerdote de aquel pueblo, a raíz de la experiencia aquí narrada, *comenzó a deteriorarse su salud a causa de la impresión recibida.*

FANTASMAS EN LA AVIACIÓN MEXICANA
Por Carlos Guzmán Rojas

El siguiente relato fue proporcionado por el técnico en aviación, Alfonso Salazar M. Esta historia es muy reciente y ocurre el 19 de agosto de 1999, a las 11 de la mañana en la base de Mexicana de Aviación donde dos mecánicos realizan labores de mantenimiento a bordo del avión McDonel Douglas D-15 de la compañía LAKER, matrícula N834 LA. Cuando los técnicos están más concentrados en su trabajo, de repente ven, por separado, a una persona como a tres metros de distancia de ellos, no le prestan importancia y continúan con su labor, segundos después voltean nuevamente hacia donde vieron a la persona pero ya no está, ni a tres metros ni en sitio alguno, en esos momentos, escuchan mucho ruido en el baño de la parte trasera del avión y como la puerta se cierra con fuerza, a uno de los técnicos le gana la curiosidad y camina de prisa hacia el baño de la aeronave, al acercarse se detiene frente a la puerta y conteniendo su ansia, toma la perilla lentamente y espera tres segundos, con decisión abre la puerta bruscamente, sólo para descubrir que dentro del baño ¡no hay nadie!

El curioso mecánico baja corriendo del avión y pregunta a su compañero si conoce a la persona que vieron segundos antes, la respuesta es no; los dos pensaron que era el otro compañero quien conocía a la persona misteriosa, pero resulta que nunca la habían visto antes ni después de esta aparición.

ESPECTROS EN EL PALACIO NEGRO DE LECUMBERRI

Por Carlos Guzmán Rojas

Lecumberri, mejor conocido como "El Palacio Negro" y temido durante muchos años por los reclusos que ahí purgaron sus condenas, actualmente es el Archivo General de la Nación, pero por 76 años fue la penitenciaria de México. Dicha prisión se edificó en unos terrenos adquiridos a un español de apellido Lecumberri, de ahí el nombre de la prisión.

La siguiente historia también nos la proporcionó nuestro amigo Alfonso Salazar Mendoza a quien agradecemos su atención.

Las celdas de este edificio formaban corredores en su planta alta y un piso frente a otro, el número de "brazos" de la construcción se realizó en forma de estrella con 7 puntas, de tal manera que estos corredores eran fácilmente vigilados desde un punto central. En la construcción del penal se utilizó la cantidad de 1,056 m^3 de cantera labrada, 1,638 toneladas de acero, 650 toneladas de arena y en lo que se refiere a la torre de vigilancia se emplearon 220 toneladas de fierro, y medía más de 30 metros de altura, contaba con 52 baños con regaderas.

INAUGURACIÓN

La prisión fue inaugurada por Porfirio Díaz, el 29 de septiembre de 1900 y durante los 76 años que funcionó como prisión, se calcula que murieron dentro de la misma alrededor de 2,300 personas.

Según algunos guardias que custodian el edificio actualmente, por las noches se escuchan las voces de los presos que ahí murieron, se ven sombras y se siente un ambiente muy pesado por toda esa "energía" acumulada durante tantos años.

De las historias que se cuentan entre personas que viven en las calles aledañas a la que fue la penitenciaria y que sobrepasan los 60 años, hay una que, de sólo escucharla, eriza la piel. En la celda 29 de la crujía "H" se ahorcaron 9 reos que purgaban una larga condena, los demás presos rehuían dicha celda porque creían que era de mala suerte, ya que por las noches los espectros de los suicidas se aparecen, primero en esa celda y posteriormente vagan por todo el "Palacio Negro", cuentan algunas personas, que fueron muchos los reclusos que aseguraron haberlos vistos.

Se sabe de un reo que se burlaba de los que creían en tales apariciones, ya que él decía que eran mentiras y supersticiones de personas sin "educación"; sin embargo, un día el burlón preso apareció muerto cerca de la celda 29, en donde se pierde el tiempo.

Como éstas son muchas las historias que se cuentan sobre este lugar en donde gran cantidad de personas pasaron su vida tras las paredes de la Penitenciaria de Lecumberri, lugar donde murieron esperanzas, sueños y vidas, donde se "cargaron" sus muros con toda la energía de las personas que allí estuvieron y que a pesar de los años transcurridos, quedarán hasta que se pierda el último recuerdo de lo ahí ocurrido.

CADENAS DE PENITENCIA

Por Yohanan Díaz Vargas

La señora Marta se dedica a lavar y a planchar en las casas y vive con su hija de 14 años y su hijo de 19, este último, llega a su hogar a las doce de la noche por motivos de su trabajo.

Regularmente, Marta llega temprano pero muy cansada de su trabajo y se duerme con su hija en la misma habitación pero en camas separadas, invariablemente escuchan ruidos extraños, pero nunca les han dado ninguna importancia, inclusive, la señora se ha levantado en muchas ocasiones para tratar de descubrir qué es lo que pasa, pero nunca ve nada raro.

En una de tantas ocasiones, una noche, estando Marta en su recamara, siente como se acuesta alguien a su lado, y como ella está dando espalda hacia ese costado, piensa que es su hijo, por lo que le reclama fuertemente pero sin darle la cara:

—Tú has de venir borracho, porque ya no ves ni donde está tu cama.

Pero el silencio es la respuesta que obtiene, por lo que la señora, sin saber exactamente por qué, empieza a ser invadida por un miedo que casi llega al pánico y este le impide cualquier movimiento. Ella hace lo único que puede llevar a cabo desde su lugar, rezar, lo hace desesperadamente, de pronto, empieza a sentir como se levanta el fantasma, espectro, persona o bulto que se encuentra justo a su lado y solamente después de orar mucho y de percibir casi por instinto que esa "presencia" ya no está, es cuando Marta puede moverse y escucha un ruido muy fuerte, como de cadenas o metal arrastrándose, el sonido va en dirección hacia la puerta de su recamara e inclusive, escucha como abren la puerta y como la vuelven a cerrar, pero ella no ve nada, sólo escucha y siente, en su mente; para protegerse a sí misma, prefiere pensar que ha sido su hijo el que estuvo ahí hasta que por fin recobra el control de sus movimientos.

Una hora después, llega su hijo y le cuenta lo sucedido, pero él no cree nada, es más, ya hasta su hija se había incorporado a la improvisada reunión familiar y tampoco da crédito a lo que su madre platica porque ella dice que estaba allí y no sintió, ni vio ni escuchó nada.

Al día siguiente, como ya tenían previsto, se cambiaron de casa y esa misma noche Marta se enferma de hepatitis por lo que pasa un mes hospitalizada a consecuencia de la terrible experiencia de esa noche de la visita fantasmal.

EL CHARRO NEGRO

Por Yohanan Díaz Vargas

Cuando mi familia y yo llegamos a vivir a la colonia San Luis Tlatilco, en el municipio de Naucalpan, Estado de México, la mayor parte de los terrenos eran baldíos y se dice que por las noches, en forma regular y siempre a la misma hora, aparece un señor sin rostro, vestido totalmente con traje de charro negro, adornado con botones dorados y montado sobre un caballo blanco.

En una ocasión, un señor al que le dicen "El poca madre" ("Poca") ve pasar al charro negro en su caballo y se le ocurre la idea de querer atrapar al jinete y verlo de cerca. Al otro día, el "Poca" está en la cantina bebiendo unas copas para "llenarse de valor" y poder salir a esperar al negro espectro, ya que él conoce la hora en que se aparece, entonces, para que el miedo no lo invada y se vaya corriendo cuando aparezca el fantasma, lo espera afuera de su casa, ya que la calle donde está ubicada es parte del diario recorrido de la extraña aparición del Charro Negro, pero de ninguna manera quiere hacerlo solo e invita a su amigo Nicolás para que sea testigo de lo que pasará, ya que estará en la azotea de una casa vecina.

Con mucho miedo también, pero convencido por su alocado amigo, Nicolás, apostado en la azotea convenida, se apresta a hacerla de testigo-vigía. No es mucha la espera, ya que a la hora exacta aparecen en su cita diaria, el Charro Negro y su caballo palomo, Nicolás ve cuando sale de su casa el "Poca", quien a su vez también ve acercarse al fantasma, a pesar de las copas bebidas y de su enorme miedo, se apresta a interceptar al jinete para saludarlo y hablarle; el "Poca" cada vez se aproxima más, cuando está ya al lado del Charro Negro, le estira la mano para saludarlo y le dice:

—¡Buenas noches amigo!, ¿a quién busca usted a estas horas?

Pero cuando está a punto alcanzar la mano espectral, el Charro Negro desaparece, pero antes de que se esfume totalmente, el "Poca" alcanza a apreciar que el jinete no tiene cara, es una especie de máscara liza, sin ningún rasgo de facciones y es entonces cuando el mortal se queda totalmente inmóvil, sin saber a ciencia cierta que sucede.

Sin embargo, el amigo Nicolás que no pierde detalle de toda la acción y quien es además el único testigo de tan insólito encuentro entre mortal y espectro, solamente ve cuando el "Poca" va en medio de la calle que supuestamente es donde se encuentra frente al jinete y su cabalgadura, únicamente ve cuando su amigo estira la mano al aire pero nunca ve la figura del Charro Negro.

Después de ese encuentro entre mortal y fantasma, el "Poca" continúa viendo al espectro cabalgando tranquilamente sobre su caballo siempre a la misma hora, pero ahora ya no le da importancia, pero eso sí, le profesa al alma en pena un gran temor y respeto.

BIBLIOGRAFÍA

Ariceaga de Fernández, Matilde. *Mis Primeros Contactos Telepáticos con Seres Extraterrestres.* México 1969.

Ayala Ponce, Jaime. *Diccionario Masónico y Esotérico.* Coedición con Editorial Gómez-Gómez-Hnos. México D.F.

Biblioteca Básica de Temas Ocultos. *El Espiritismo.* No. 10. Editorial Universal, S.A. México D.F. 1983.

Cabria García, Ignacio. *Ufólogos, Creyentes y Contactados.* Cuadernos de Ufología. Santander, España, 1993.

Cohen, Daniel. *La Enciclopedia de los Fantasmas.* Grupo Editorial Diana, S. A. y Edivisión Compañía Editorial, S. A. México, D.F. 1989.

Diccionario Planeta de la Lengua Española Usual. P. 753. Editorial Planeta, S.A. Barcelona, España. 1990.

Enciclopedia de la Magia y del Misterio. Volumen I. Editorial Mateu, S.A. Barcelona. España.

Enciclopedia Planeta de las Ciencias Ocultas y Parapsicología. Fascículos No.16, 17, 21, 24, 25 Volumen 2. Editorial Planeta, S. A. Madrid. España.

Evans, Hilary. *Visiones, Apariciones, Visitantes del Espacio.* "Un Estudio Comparativo del Enigma Ser". Editorial Kier, S.A. Buenos Aires, 1989.

Franco Sodja, Carlos. *Leyendas Mexicanas de antes y después de la Conquista.* Editorial EDAMEX, S. A. de C. V. México, D. F. 1993.

Freixedo, Salvador. *El Diabólico Inconsciente. (Parapsicología y Religión).* (Mitos nuevos contra mitos viejos). Editorial Orión, México, D. F. 1975.

Galván Macías, Nélida. *Leyendas Mexicanas.* Editorial Selector, S. A. de C. V. México, D. F. 1996.

Ghislery, Angela. *Cartas del más allá.* Editorial EDAF. Madrid, 1997.

Gómez Pérez, Marco Antonio. *Un Muerto con Cabal Salud*, Editora pendiente, México, D.F. 1999.

Gómez Rivera, Rafael F. *El espiritismo.* Biblioteca básica de Espacio y Tiempo.

Gómez Rivera, Rafael F. *Espiritismo Práctico.* Biblioteca básica de Espacio y Tiempo.

González Galera, Guillermo. *Folklore Campechano.* Universidad del Sudeste, Departamento de Difusión Cultural. Campeche, Campeche. México, 1977.

González Obregón, Luis. *Las Calles de México.* Editorial Botas, 1947.

González Quevedo, Oscar. *Las fuerzas físicas de la mente.* Tomos I y II, Editorial "Sal Terrae", Santander, España. 1975.

Gran Enciclopedia de los Temas Ocultos. Tomo IV, Ediciones UVE, S.A., España, 1982.

¡Inverosímil! Fenómenos Inexplicables. Editado por Reader's Digest México, S. A. de C. V. México, D.F. 1985.

Jordán Peña, J. L. *Poltergeist.* Biblioteca básica de Espacio y Tiempo. Madrid. España.

Kardec, Allan y Delanne, Gabriel. *Los Fundamentos del espiritismo.* Traducción Dr. Alberto Campos. Ediciones "Novedades de Libros", México D.F.

Krauze, Enrique. *Místico de la libertad Francisco I. Madero.* Colección Biografía del poder, Editorial Fondo de Cultura Económica. Quinta reimpresión 1997.

LEXIS 22. *Diccionario Enciclopédico VOX.* Volúmenes 7, 11, 12, 16 y 22. Editorial Círculo de Lectores. Barcelona, España. 1977.

Los muertos nos hablan. Editorial EDAF. Madrid, 1990.

Masson, Herve. *Manual-Diccionario de escterismo.* La otra ciencia. Ediciones Roca, S. A. México. D. F. 1975.

Meza, Otilia. *Leyendas del antiguo México.* Editorial EDAMEX, México, D.F. 1985.

Misterios de lo Desconocido, ENCANTAMIENTOS. Time Life / Folio Ediciones del Prado, 1989.

Muñoz Camargo, Diego. *Historia de Tlaxcala.* Editorial Innovación, S.A., 1978.

Peniche, Roldán. *Bestiario Mexicano.* Editorial Panorama, 1987.

Peniche, Roldán. *Mitología Mexicana.* Editorial Panorama, 1995.

Renard, Hélene. *Más allá de la muerte.* Editorial Martínez Roca. Barcelona, 1998.

Revistas *Año Cero,* Año IX / No. 03-0103-08.1998 / Año V. No. 02-0102-04 / Año III No.7 0107-02 / Año IX No. 03-0103-08. Editorial Intermex. México, D. F.

Revista *Más Allá de la Ciencia.* No. 75 J.C. Ediciones, S.A. España. Mayo de 1995.

152 FANTASMAS, LEYENDAS Y REALIDADES

Revista *Más Allá de la Ciencia*. Número Monográfico. ¿Hay vida después de la muerte?. Año V No. 2-0110-03, Madrid, España. 1993.

Revista *Muy Interesante*. El Mundo de las Religiones. (Número Especial). Editorial Eres, S.A. de C.V. España.

Revista *Muy Interesante*, número especial "El más allá".

Revista *Nueva Dimensión*. Karma 7. J.C. Ediciones, S.A. Barcelona. España.

Ritz, Charles. *El Enigma del Espiritismo.* Editora Libroexpres. Barcelona. España.

Rivera, Rafael G. *El Espiritismo.* Biblioteca Básica de Espacio y Tiempo. Madrid, España.

Roberts, Marc. *Diccionario del Esoterismo.* Editorial Océano. Thassália, S. A. Barcelona. España.

Rogo, Scott y Bayless, Raymond. *Llamadas telefónicas del más allá.* Editorial Diana. México, 1981.

Rosales, José Natividad. *Madero y el espiritismo, las cartas y las sesiones espiritas del héroe.* Editorial Posada. 1973.

Scheffler, Lilian. *Cuentos y Leyendas de México.* Panorama Editorial, S. A. 1993.

Scholten, Max. *El Espiritismo.* Editores, S.A., Barcelona, 2da. Edición s/f.

Soustelle, Jacques. *El Universo de los Aztecas.* FCE, México, 1983.

Visión de Los Vencidos, Relaciones indígenas de la Conquista. Universidad Nacional Autónoma de México, 1989.

ÍNDICE

INTRODUCCIÓN 5

¿DESDE CUÁNDO EXISTEN LOS FANTASMAS? 9
   CLASIFICACIÓN DEL FENÓMENO 10
   LOS FANTASMAS Y OTROS FENÓMENOS 11
   LOS PRIMEROS FANTASMAS 11
   LA IGLESIA CATÓLICA OPINA 14

LOS FANTASMAS Y SU ORIGEN 17
   ESPECTRO 19
   FANTASMAS 21
   POLTERGEIST 24
   FANTASMAS DE HUMO 26
   ECTO-COLO-PLASMÍA 27
   TRANSFIGURACIÓN 29
   APARICIONES DE SERES VIVOS 30

COMPORTAMIENTO DE LOS FANTASMAS 33
   JUGUETONES 34
   CHOCARRERO o POLTERGEIST 35

CUIDADORES 35
PREVENTIVOS 36
DELATORES 36
TRABAJADORES 37
DE HUMO 37
EN ESFERAS DE LUZ 38
LOS DEL ADIÓS 38
PROMETEDORES Y VENGATIVOS 39
REPETITIVOS 39
POSESIVOS 40
AGRESIVOS 40
INVISIBLES 41
ELECTRÓNICOS 41
ZOMBIES 42
INEXISTENTES 43

¿QUÉ LOS RETIENE EN EL MUNDO FÍSICO? 45
¿A DÓNDE VAN LOS MUERTOS? 45
LOS DIVERSOS PLANOS 46
ESPÍRITUS ERRANTES, ALMAS EN PENA 46
RESISTENCIA A LA MUERTE 47
MORIR ES BONITO 47
LOS "PSICONES" 50

FANTASMAS FAMOSOS DE MÉXICO
Y EL MUNDO 53
   MÉXICO
      LA LLORONA 53
      XTABAY 54
      EL DEL CALLEJÓN DEL MUERTO 55
      LA CALLE DE JUAN MANUEL 56
   EL MUNDO
      ABRAHAM LINCOLN (1809-1865) 57
      ATENODORO 58

ÍNDICE

LEAH, MARGARET Y KATE FOX 59
CHARLES DICKENS (1812-1870) 60
OSCAR WILDE (1854-1900) 61
LOUIS NAPOLEÓN 61
COMOLLO Y SAN JUAN BOSCO (1815-1888) . . . 62

ESPIRITISMO-ESPIRITUALISMO-MEDIUMNIDAD . . 63
   PRIMERAS SESIONES ESPIRITISTAS 67
   MEDIUMNIDAD 68
   ALMA Y ESPÍRITU 69
   TRANSFORMACIÓN DESPUÉS DE
   LA MUERTE 73

COMUNICACIÓN CON LOS FANTASMAS
   Imágenes y Mensajes del Más Allá 75
   TRANSCOMUNICACIÓN INSTRUMENTAL 76
   PSICOFONÍAS 77
   TÉCNICA DE GRABACIÓN 83
   PSICOIMÁGENES 84
   PSICOIMÁGENES POR COMPUTADORA 88
   TELEFONEMAS DEL MÁS ALLÁ 90
   MÉDIUMS 92
   ESCRITURA AUTOMÁTICA 94
   OUI-JA 95
   CONSECUENCIAS DE LA
   TRANSCOMUNICACIÓN 97

MÉDIUMS Y CONTACTADOS 99
   COMUNICACIÓN CON LOS ESPÍRITUS 101
   EVOLUCIÓN DE LOS CONTACTOS 102
   VARIANTES DEL CONTACTO 103
   ACTUALIZACIÓN DE LAS COMUNICACIONES
   EN MÉXICO 104

EN SU FAMILIA, ¿EXISTEN LOS FANTASMAS? . . . 107
HISTORIAS VERDADERAS
  ESPÍRITU CHOCARRERO EN LA FAMILIA
    PÉREZ FIGUEROA 108
  MÉTODO RÁPIDO PARA DEJAR DE BEBER
    EN LA FAMILIA PÉREZ PEREDA 113
  MORIBUNDO LLENO DE LUZ 117
  VOZ DE DESPEDIDA 118
  EL RELOJ DE LA MUERTE 118
  SILUETA DE HUMO 119
  ÚLTIMO ADIÓS DE LA ABUELITA 123
  AMIGO REAL PERO INVISIBLE 124
  TRIPULACIÓN FANTASMA 125
  EL SACERDOTE QUE BURLÓ A LA MUERTE . . 126
  UNA MANO PELUDA MAÑOSA 131
  NO CABE DUDA, SOMOS LUZ "ELLOS
    TAMBIÉN SE DESPIDEN" 135
  FANTASMAS CON PENDIENTES EN
    ESTA VIDA 137
  FANTASMAS EN LA AVIACIÓN MEXICANA . . 140
  ESPECTROS EN EL PALACIO NEGRO
    DE LECUMBERRI 141
  CADENAS DE PENITENCIA 143
  EL CHARRO NEGRO 145

BIBLIOGRAFÍA 149

TÍTULOS DE ESTA COLECCIÓN

Esoterismo. *Fortune Dion*

Las Profecías de Nostradamus y Diccionario, Nva. Edic.

Los Sueños. *Morfeo*

Origen y Significado de los Nombres Propios. *Guadalupe Velázquez*

Tu Escritura, Quién y Cómo Eres. *C. Alfonso*

ABC del Inglés. *Jesse Ituarte*

Las más Famosas Leyendas de la Mitología. *Robina Fox*

Las Profecías del ¿Juicio Final? *M. A. Gómez - F. Domínguez - C. A. Guzmán - Y. Díaz*

Duendes, Gnomos, Hadas, Trolls y otros Seres Mágicos. *M. A. Gómez - F. Domínguez - C. A. Guzmán - Y. Díaz - N. Angélica - E. Zamora - B. U. Alonso*

Fantasmas, Leyendas y Realidades *M. A. Gómez - F. Domínguez - C. A. Guzmán - Y. Díaz*

Impreso en Offset Libra
Francisco I. Madero 31
San Miguel Iztacalco,
México, D.F.